Volkswirtschaftliche und wirtschaftsgeschichtliche Abhandlungen

herausgegeben von

Wilhelm Stieda

o. ö. Professor der Nationalökonomie in Leipzig

III. Folge Heft 4

Die Statistik der Einkommensverteilung

mit besonderer Rücksicht auf das Königreich Sachsen

Von

Dr. phil. Nicolae Tabacovici

Leipzig
Verlag von Veit & Comp.
1913

Volkswirtschaftliche und wirtschaftsgeschichtliche Abhandlungen

herausgegeben von

Wilhelm Stieda

o. ö. Professor der Nationalökonomie in Leipzig

III. Folge Heft 4

Die Statistik der Einkommensverteilung

mit besonderer Rücksicht auf das Königreich Sachsen

Von

Dr. phil. Nicolae Tabacovici

Leipzig
Verlag von Veit & Comp.
1913

Druck von Metzger & Wittig in Leipzig.

MEINEM HOCHVEREHRTEN LEHRER

HERRN

PROF. DR. L. VON BORTKIEWICZ

Vorwort.

Die engen Beziehungen der wichtigsten Probleme der sozialen Frage zu der Einkommensverteilung haben viele Spezialisten dazu geführt, letztere in ihren zeitlichen Wandlungen für einige Länder zu untersuchen. Die widersprechenden Ergebnisse veranlaßten mich zu der vorliegenden Arbeit, die als Doktordissertation der philosophischen Fakultät der Universität Leipzig eingereicht wurde. Der erste Teil bietet eine Darlegung der Mängel der seither angewandten Methoden. Der zweite Teil bringt uns Pläne zu einer neuen Methode der Einkommensentwicklung im Königreich Sachsen in der Zeit von 1880—1908 zur Darstellung.

Es ist mir eine angenehme Pflicht, Herrn Professor Dr. L. von Bortkiewicz in Berlin, dem ich die Anregung für diese Arbeit verdanke, Herrn Professor Dr. Ferdinand Schmid und Geheimen Hofrat Professor Dr. Wilhelm Stieda in Leipzig, von denen mir jedwede Förderung zuteil wurde, an dieser Stelle meinen herzlichsten Dank auszusprechen.

Berlin, Dezember 1912.

Nicolae Tabacovici.

Inhalt.

Erster Teil.

Würdigung der verschiedenen Methoden der Einkommens-statistik.

a) Allgemeine Übersicht.

Eine der wichtigsten Aufgaben der modernen Statistik ist die Untersuchung der zeitlichen Wandlungen der Einkommensverteilung in einem Lande bzw. der Vergleich der Verteilung der Einkommen in verschiedenen Ländern.

Dadurch kann man z. B. erfahren, ob und in welcher Weise sich ein Einfluß der kapitalistisch werdenden Gesellschaftsordnung auf die Einkommensverhältnisse der verschiedenen Bevölkerungsschichten geltend macht.

Obwohl derartige Untersuchungen in den Sozialwissenschaften eine eminente Rolle spielen müßten, sind die Spezialisten über die dabei anzuwendenden Methoden noch nicht einig und kommen infolgedessen zu ganz verschiedenen Resultaten. Aus diesem Grunde halten wir es für zweckmäßig, vor Erläuterung der im Schlußteil angewandten Methode die bisher üblichen Berechnungsarten einer Kritik zu unterziehen.

Bei einer einkommensstatistischen Untersuchung sind von Anfang an drei Fragen zu beachten:

1. Was für ein Material ist am zweckmäßigsten zu benützen?

2. Wie soll es bearbeitet werden; mit anderen Worten: was für eine Art von Tabellen ist herzustellen?

3. Was für eine Bedeutung ist diesen Resultaten beizumessen?

In bezug auf den ersten Punkt sind heute sämtliche Fachmänner einig. Durchgehend benutzt man gegenwärtig die Einschätzungsergebnisse, die zwecks Erhebung der allgemeinen Einkommensteuer gewonnen werden. Was aber die übrigen beiden Punkte anbetrifft, gehen die Meinnugen noch heute auseinander.

Die sämtlichen bisher angewandten bzw. vorgeschlagenen Untersuchungsmethoden können in die beiden folgenden Kategorien zusammengefaßt werden.

1. Methoden, die den Stand der an verschiedenen Zeitpunkten den einzelnen Einkommenskategorien angehörenden Zensiten zum Gegenstand der Untersuchung haben.

2. Solche, die sich mit der Verfolgung der Bewegung der Zensiten zwischen verschiedenen Zeitpunkten befassen wollen.

In der ersten Gruppe befinden sich hauptsächlich die bis in die letzte Zeit noch angewandte Methode des prozentualen Klassenzuwachses, die darin besteht, daß man aus der prozentuellen Zu- oder Abnahme der den verschiedenen Einkommensklassen angehörenden Zensitenzahl Schlüsse auf eine Verbesserung oder Verschlechterung der Einkommensverteilung zieht.

Der zweiten Gruppe gehört die Wolfsche Methode an. Ihr Wesen besteht darin, daß die Zahl der Zensiten, die aus einer Einkommensklasse in eine andere übergehen, zu der Gesamtzahl derer, die der betreffenden Klasse angehören, in Beziehung gesetzt wird und aus den so erhaltenen Prozentzahlen dann allgemeine Ergebnisse abgeleitet werden.

Diese beiden Methoden haben verschiedene Verbesserungen erfahren. Besondere Verdienste haben sich in dieser Hinsicht Bresciani, Hunke, Nitschke, Würzburger u. a. erworben.

Wir wollen im folgenden auf die Einzelheiten etwas näher eingehen.

b) Die Methode des prozentuellen Klassenzuwachses.

Bei der Darstellung derselben gehen wir von nachstehender Tabelle Adolph Wagners[1] aus.

Einkommensklassen			Zensiten 1878	Zensiten 1902	Zunahme in %
1			2	3	4
Oberster Unterstand		900— 2100	1202000	2989000	148,66
Mittelstand	untere	2100— 3000	153500	321300	109,31
	mittlere	3000— 6000	121071	291341	140,64
	obere	6000— 9600	25350	77636	206,25
Oberstand	untere	9600—28000	17457	64737	270,84
	mittlere	28000—96000	3054	13205	332,38
	obere	96000	375	2762	636,53
			1523000	3760000	146,88

Aus der Spalte 4 zieht Wagner folgenden Schluß:

„Zwar jede Gruppe der sieben hier unterschiedenen, auf die Dauer ihre Zensiten vermehrt durchweg erheblich stärker als der allgemeinen Volkszunahme entspricht, aber diese Vermehrung ist am schwächsten beim unteren und mittleren Mittelstande, etwas stärker beim obersten Unterstande, am stärksten jedoch, und zwar zunehmend mit steigendem Einkommen von Gruppe zu Gruppe beim obersten Mittel- und vollends beim ganzen Oberstande. Daraus folgt der Schluß, daß die moderne wirtschaftliche Entwicklung..... aller-

[1] Zeitschrift des Pr. Stat. B. 1904. Kap. XIII. S. 79.

dings dem gesamten Volke..... zugute gekommen ist, aber doch im stark ungleichen Maße, am meisten den reicheren, dann der unteren Klasse, am wenigsten den mittleren."

Hiergegen ist folgendes einzuwenden:

1. Wenn man sich eine Untersuchung über die zeitlichen Wandlungen einer Einkommensverteilung zur Aufgabe stellt, dann muß man zunächst die gegenüberzustellenden Zensitengruppen ermitteln; denn man darf nur Zensiten, welche derselben Bevölkerungsschicht angehören, miteinander vergleichen.

Um das zu können, müssen wir

a) die im Laufe der betreffenden Periode stattgefundene Bevölkerungsvermehrung und

b) die im Laufe der Zeit geänderten Lebensverhältnisse berücksichtigen.

Was den ersten Punkt anbelangt, so ist es klar, daß eine Vermehrung der Bevölkerung eine Zunahme der Zensiten mit sich bringt, was selbstverständlich nicht als eine Verbesserung der Einkommensverhältnisse betrachtet werden darf. Um den Vergleich zu ermöglichen, müssen wir also zunächst die der Bevölkerungszunahme zuzuschreibende Zensitenvermehrung beiseite schieben.

Bresciani[1] suchte das dadurch zu erreichen, daß er von der ersten Zensitenreihe ausgehend, entweder die Elemente der übrigen Reihen um den Prozentsatz der Bevölkerungszunahme reduziert oder die Zensitenreihen unberührt läßt und nach demselben Maßstab die den einzelnen Zeitpunkten entsprechenden Einkommensgrenzen erhöht. Es ist jedoch zu berücksichtigen, daß die Zahl der Zensiten nicht schlechthin durch eine Bevölkerungszunahme, sondern nur durch einen Zuwachs der Adultbevölkerung[2] vermehrt wird. Da aber beide nicht in einem konstanten Verhältnis stehen[3], ist klar, daß die Brescianische Korrektur zu ungenauen Resultaten führt.

Viel schwieriger gestaltet sich die Berücksichtigung der Lebensverhältnisse. Hierbei wären eingehende Untersuchungen über Preise und Lebensführung der einzelnen Klassen anzustellen. Der Durchführung dieser Ermittlungen stellen sich aber sehr erhebliche Schwierigkeiten entgegen, weil vielfach die nötigen Unterlagen fehlen.

2. Den Verhältniszahlen in Spalte 4 darf man überhaupt keine wirtschaftliche Bedeutung beimessen, auch wenn an den beiden Zensitenreihen, aus denen sie berechnet sind, die obenerwähnten Korrekturen in einwandsfreier Weise vorgenommen würden, und das aus zweierlei Gründen:

a) Sie sind nämlich gewonnen durch das im Verhältnissetzen derjenigen Zensiten, welche in den beiden Zeitpunkten denselben Einkommensklassen angehören. Die Zensiten aber, welche im Jahre

---

[1] „Über die Methoden der Eink.-Vert.-Statistik." Jahrbuch für N. Ö. u St. 3. Folge. Bd. XXXIII. 1907. S. 577ff.

[2] Personen über 15 Jahre alt.

[3] Siehe S. 18.

1902 eine gewisse Einkommensklasse bilden, gehören zum größten Teil nicht derselben sozialen Schichte an wie 1878, sondern sind gewöhnlich von unten her heraufgerückt — sehr selten von oben herabgesunken. Folglich dürfen sie nicht miteinander verglichen werden. So hat z. B. die Differenz von 2387 Zensiten, welche sich für den oberen Oberstand ergibt, nichts mit den 375 Zensiten des Jahres 1878 zu tun, da sie zum größten Teil von unten her heraufgerückt sind, und kann folglich nicht mit dieser letzten Zahl in Beziehung gesetzt werden, wie in der oberen Tabelle geschieht und was zu dem kolossalen Prozentsatz von 636,53 führt.

b) Der zweite Grund, welcher die Zahlen der Spalte 4 unbrauchbar macht, ist der folgende: Die Gestaltung dieser Reihe hängt allzusehr von den Elementen der ersten ab. Darüber können wir uns mit Hilfe des folgenden empirischen Beispiels klar werden.

Nehmen wir an, daß sich in zwei Ländern, A. und B., im Laufe einer Periode ein relativ konstantes Hinaufrücken von Zensiten ergibt, z. B. 10%. Nehmen wir ferner noch an, daß die in diesem Beispiel angewandte Klassenabgrenzung zu der Behauptung berechtigt, daß dieser konstante Prozentsatz von Zensiten, die aus jeder Klasse hinaufgerückt sind, von einer für alle Einkommenskategorien relativ gleichen Einkommenshebung begleitet ist. Unter diesen Bedingungen dürfen wir den Schluß ziehen, daß in den beiden Ländern die Einkommensverteilung innerhalb dieser Periode dieselbe geblieben ist.

Zu welchen Schlüssen hätte uns aber in diesem Falle die Methode des prozentuellen Klassenzuwachses geführt? Die Antwort gibt uns folgendes Beispiel, von dem wir bei vorstehenden Erörterungen ausgegangen sind:

Land A.

Einkommensklassen	Zensiten 1890	Zensiten 1900	Zunahme in %
1	2	3	4
I	120000	—	—
II	24000	33600	40
III	6000	7800	30
IV	2000	2400	20
V	1400	1600	14

Land B.

Einkommensklassen	Zensiten 1890	Zensiten 1900	Zunahme in %
I	120000	—	—
II	60000	66000	10
III	20000	24000	20
IV	5000	6500	30
V	1000	1500	50

Nach Wagners Methode ergibt sich für das erste Land eine Verbesserung, für das zweite eine Verschlechterung der Einkommensverhältnisse, obwohl wir von der Voraussetzung ausgegangen sind, daß die Einkommensverhältnisse der beiden Länder unverändert bleiben.

Dieser Widerspruch in den Resultaten ist aber sehr leicht zu erklären[1].

c) Die Wolfsche Methode.

Die Methode, welche den Namen ihres Begründers Julius Wolf in Breslau[2] trägt, besteht, wie wir gesehen haben, darin, daß sie aus dem Hinaufrücken oder Herabsinken der Zensiten von niederen in höhere Klassen und umgekehrt Schlüsse auf eine Verbesserung oder Verschlechterung der Einkommensverteilung zieht.

Wolf geht von der Tatsache aus, daß die Zunahme der einer Einkommensklasse angehörenden Zensiten nicht aus der Klasse selbst, sondern von unten her erfolgt (und sehr selten von oben her). Folglich darf man nicht die in zwei verschiedenen Zeitpunkten ein und derselben Klasse angehörenden Zensiten miteinander vergleichen, sondern muß die Bewegungen von Klasse zu Klasse untersuchen.

So stellt Wolf für den Kanton Zürich die folgende Tabelle auf:

Einkommensklassen		Zensiten 1848	Zensiten 1888
I	100— 2000 fr.	25991	21108
II	2100—20000 fr.	13959	24406
III	20000—25000 fr.	2409	6584
IV	über 25000 fr.	81	484

Übergegangen von		
I in II	14622	56%
II in III	4578	33%
III in IV	403	17%

Bevor wir auf die Einzelheiten dieser Berechnungsweise eingehen, wollen wir zunächst über die Voraussetzung auf die sich diese Berechnung stützt, ein Wort sagen.

Es wurde nämlich dagegen der Einwand erhoben, daß der Zensitenzuwachs, den eine Klasse erfährt, nicht nur aus der nächstniederen, sondern auch aus mehreren niederen Klassen oder auch aus sich selbst erfolgen könne. Das ist richtig, jedoch sind diese beiden letzten Möglichkeiten so seltene Ausnahmen, daß sie im allgemeinen nur einen ganz minimalen Einfluß ausüben können.

Die Art der Berechnung der aufgestiegenen Zensiten aber leidet, wie schon von anderer Seite hervorgehoben wurde, an folgenden Mängeln:

---

[1] Vergl. Anmerkung S. 37.

[2] Sozialismus und kapitalistische Wirtschaftsordnung. S. 233ff.

1. Um die Zahl der Zensiten, die aus einer Klasse in eine andere übergegangen sind, zu ermitteln, schlägt Wolf den nachstehenden Weg ein: Er ermittelt zunächst die Differenzen der betreffenden Klasse gegen die nächsthöhere und dieser gegen die folgende und addiert dann beide. Er müßte aber notwendigerweise die Reihe der Differenzen verlängern und ihre Summe bilden. Hieraus ergibt sich, daß die von Wolf berechnete Zahl der übergegangenen zu niedrig gegriffen ist. Ein Zahlenbeispiel möge dies veranschaulichen.

Wolf gibt in der obigen Tabelle als Zahl der aus der ersten in die zweite Klasse übergegangenen Zensiten 14622; d. h. (24406—13959) + (6584—2409), während der wirkliche Zuwachs wäre: (24406—13959) + (6584—2409) + (484—81).

In Wirklichkeit stiegen empor

aus I in II:	15025,	das heißt	57%
„ II „ III:	4578,	„ „	33%
„ III „ IV:	403,	„ „	17%

Wenn er die Berechnung nicht mit den kleinsten, sondern mit den reichsten Zensiten begonnen hätte, hätte er m. E. diesen Fehler vermieden.

2. Ein anderer Mangel besteht darin, daß die Bevölkerungsbewegung nicht berücksichtigt wurde. Da wir über diesen Punkt schon Seite 3ff. ausführlich gesprochen haben, können wir uns an diese Stelle mit einem kurzen Hinweis auf die betreffenden Ausführungen begnügen.

3. Ferner werden auch die Einkommensklassen zu willkürlich abgegrenzt.

Die ganze Wolfsche Berechnungsart bezweckt die Erhaltung der letzten Spalte, d. h. der Relativzahlen der aus jeder Klasse hinaufgestiegenen Zensiten. Je nachdem sich für diese Spalte eine abnehmende, konstante oder zunehmende Reihe ergibt, spricht Wolf von einer Verminderung, Nichtveränderung oder Vergrößerung der Ungleichheit in der Einkommensverteilung. Das folgende fingierte Beispiel soll uns zeigen, was für einen Einfluß die Abgrenzung der Einkommensklassen auf die Gestaltung dieser letzten Spalte ausüben kann.

Nehmen wir an, daß in irgendeinem Lande für zwei verschiedene Zeitpunkte nachstehende Zensitenreihen ermittelt wurden:

Einkommensklasse		1890	1900
I	600— 900	20000	50000
II	900— 2000	8000	20000
III	2000— 3000	4000	15000
IV	3000— 6000	3000	8000
V	6000— 9000	1000	5000
VI	9000—20000	600	1000
VII	20000—90000	400	800
VIII	über 90000	100	500

Daraus folgt:

Einkommensklasse		1890	1900
I	600— 2000	28000	70000
II	2000— 6000	7000	23000
III	6000—20000	1600	6000
IV	über 20000	500	1300

Also hinaufgerückt aus der Klasse:

I 21200, das heißt 76%
II 5200, „ „ 74%
III 800, „ „ 50%

Wenn wir aber die Einkommensgruppen folgendermaßen abgegrenzt hätten, dann würden wir erhalten haben:

Einkommensklasse		1890	1900
I	600— 3000	32000	85000
II	3000—20000	4600	14000
III	20000—90000	400	800
IV	über 90000	100	500

Hinaufgerückt aus der Klasse:

I 10200, das heißt 32%
II 800, „ „ 17%
III 400, „ „ 100%

Im ersten Falle fand nach Wolf eine ganz befriedigende Zensitenbewegung statt: ein allgemeines Hinaufsteigen, und zwar um so stärker, je kleiner das Einkommen war. Ganz anders aber liegen die Verhältnisse im zweiten Fall. Folglich kann die Klassenabgrenzung zu ganz verschiedenen Resultaten führen. Wie läßt sich das vermeiden?

Nehmen wir an, daß wir für ein gewisses Land, nach der Wolfschen Methode als Elemente der letzten Spalte, eine konstante Zahl erhalten hätten; d. h. aus jeder Klasse wäre ein konstanter Prozentsatz von Zensiten hinaufgerückt. Dürfen wir deswegen behaupten, daß dieses Resultat im allgemeinen ein Zeichen einer unveränderten Einkommensverteilung wäre? Das ist nur dann zulässig, wenn diese Erscheinung von einer relativ konstanten Zunahme aller Einkommenssummen begleitet ist. Wenn diese Bedingung nicht erfüllt ist, kann die Gestaltung der letzten Spalte sehr leicht zu falschen Schlüssen führen.

Aus diesem Grunde schlagen Bresciani[1] und Hunke[2] vor, die Einkommensklassen derart abzugrenzen, daß die relative Spannung zwischen ihnen immer die gleiche bleibt; kurzum, es sollen die Elemente der Einkommensklassenreihe eine geometrische Progression bilden, z. B. 900, 1800, 3600, 7200 usw. Beide begründen diese Gruppierungsart wie folgt[3]:

[1] A. a. O.
[2] „Methodologisches zur Verwertung der Einkommensstatistik." Allg. St. Arch. Bd. VII. 1907.
[3] Bresciani, a. a. O., S. 581.

„Nehmen wir z. B. an, daß sich in den Stufen von 400—600 M., 600—900 M., 900—1350 M. eine Anzahl von je C_1 C_2 C_3 Zensiten befinden, und daß diese eine Reihe bilden, die, nach der Höhe des Einkommens geordnet, mit dem niedrigsten Einkommen beginnt und mit dem höchsten endet. Bei einer Einkommenshebung von z. B. 50% werden alle Zensiten C_1 in die zweite Klasse, alle C_2 in die dritte und alle C_3 in die oberste Klasse aufsteigen, d. h. jede Klasse wird an die nächsthöhere 100% ihres Bestandes abgeben.....“

Es soll nicht verkannt werden, daß dieses Verfahren eine Verbesserung der **Wolfschen** Methode bedeutet, insofern nämlich, als der Aufbau der Zensitenreihe gebührend berücksichtigt wird. Jedoch darf die von **Bresciani** festgestellte Tatsache, daß bei einer relativen Zunahme der sämtlichen Einkommenssummen gleich der relativ konstanten Spannung zwischen den einzelnen Klassen eine relativ konstante Zahl von Zensiten aus jeder Klasse hinaufrückt, nicht generalisiert werden. Wenn nämlich die Einkommen nicht um 50% — was wohl nur ausnahmsweise vorkommen wird —, sondern um einen anderen Prozentsatz, z. B. 10%, zunehmen, dann sind wir nicht mehr berechtigt, zu behaupten, daß auch ein relativ konstantes Hinaufrücken von Zensiten stattfinden wird. Verdeutlichen wir uns das durch ein fingiertes Beispiel:

		Einkommensklassen	Zensiten	
I	600— 900	600— 700	50000	100000
		700— 818	30000	
		818— 900	20000	
II	900—1350	900—1050	6000	10000
		1050—1230	3500	
		1230—1350	500	
III	über 1350	—	—	

Die Klassen I—III sind nach dem Vorschlage **Brescianis**, die Unterabteilungen dagegen freigebildet. Nehmen wir nun an, daß alle Einkommen um 10% wachsen, dann erhalten wir folgende Gruppierung:

I	660— 990	660— 770	50000	100000
		770— 900	30000	
		900— 990	20000	
II	990—1533	990—1155	6000	10000
		1155—1352	3500	
		1352—1533	500	
III	—	—	—	

Folglich sind aus der Klasse I in II 20000, d. h. 20% Zensiten emporgestiegen, während sich der Prozentsatz derer, die aus Klasse II in III übergegangen sind, nur auf 5 (500 Zensiten) stellt. Hieraus ergibt sich zur Genüge, daß die Brescianische Korrektur nicht zuverlässig ist.

Trotz der angeführten Bedenken könnte die verbesserte Wolfsche Methode doch genügend befriedigende Resultate geben — man kann ja von einkommensstatistischen Untersuchungen nicht mathematische Genauigkeit verlangen —, wenn nicht noch ein anderer wichtiger Umstand in Betracht zu ziehen wäre. Die Wolfsche Methode mit ihren in geometrischer Progression angeordneten Einkommensklassen geht von der Annahme aus, die Zensiten seien innerhalb jeder Klasse pyramidenförmig gruppiert, wobei als Basis die untere Einkommensgrenze angesehen wird. Infolgedessen rückt bei einer relativ konstanten Einkommenszunahme jeder Gruppe eine relativ mehr oder weniger konstante Zahl von Zensiten hinauf.

Ganz anders gestaltet sich indessen die Verteilung der Zensiten innerhalb der Gruppe der Steuerfreien, der in einzelnen Ländern, wie z. B. in Preußen, sehr viele angehören. Hier sind die Zensiten nicht in der Nähe der Minimalgrenze — die ja Null ist —, sondern in der Nähe der Maximalgrenze am dichtesten. Die Folge davon ist, daß bei einer relativ konstanten Zunahme aller Einkommen, von der ersten Gruppe immer eine relativ größere Zahl hinaufrücken wird als aus den übrigen. Dennoch sind wir nicht zu der Behauptung berechtigt, es sei der ersten Zensitengruppe finanziell besser gegangen als den anderen.

Aus diesen Ausführungen ergibt sich, daß die Wolfsche Methode nur mit großer Vorsicht zu gebrauchen ist.

Mit ihrer Hilfe hat Nitschke[1] die preußischen Einkommensverhältnisse in den Jahren 1892—1896—1900 studiert. Er hat zur Verbesserung dieser Methode insofern beigetragen, als er die Zahl der hinaufgerückten Zensiten in korrekter Weise berechnet hat. Die Willkür in der Abgrenzung der Klassen und das Nichtberücksichtigen der Bevölkerungsbewegung blieb auch bei ihm bestehen.

Um unter Berücksichtigung der Bevölkerungsbewegung den Stand der Einkommensverteilung zeitlich zu vergleichen, berechnet Nitschke die Anzahl der Zensiten, die auf je 10000 Köpfe der Bevölkerung in den Jahren 1892—1896—1900 auf die einzelnen Klassen (900—1050, 1050—1200; 1200—1350......) entfielen. Auf diese Berechnungsart werden wir später bei der Besprechung der Würzburgerschen Arbeit zurückkommen[2].

Dr. Hunke[3] bespricht in der Zeitschrift des Allgemeinen statistischen Archivs verschiedene Methoden, und zwar besonders eingehend die Wolfsche, welche er sehr eifrig verteidigt, und schlägt mit Bezug auf die Klassenabgrenzung dieselbe Korrektur vor, welche auch seitens Brescianis empfohlen wurde.

---

[1] „Einkommen und Vermögen in Preußen.“ Jena 1902.

[2] Vergl. S. 11.

[3] „Methodologisches zur Verwertung der Einkommensstatistik.“ Allg. St. Archiv. Bd. VII. 1907.

Am Schluß seines Aufsatzes versucht Hunke die von Nitschke[1], Evert[2] und Böhmert[3] in Anwendung gebrachte Berechnungsart, welche dahin zielt, unter Berücksichtigung der Bevölkerungsbewegung den Stand der Einkommensverteilung zeitlich zu vergleichen, weiter auszubauen. Er sagt nämlich: „Bei der Besprechung der Methode der prozentuellen Verteilung des Zensitenbestandes tadelte (Evert)..., daß dabei die Bevölkerungsbewegung ganz außer Acht gelassen würde. Diesem Fehler kann man ja leicht entgehen..... Evert hatte berechnet, daß auf je 10000 Köpfe der Bevölkerung:

In den Einkommensklassen		Zensiten entfielen 1892	1896	1901
a)	900— 3000	708,80	740,50	942,73
b)	3000— 6000	68,42	68,58	82,12
c)	6000— 9500	18,59	18,46	22,24
d)	9500— 30500	15,42	15,09	18,77
e)	30500—100000	3,02	2,96	3,93
f)	über 100000	0,55	0,54	0,82
		814,80	846,1	1070,61

„Nun liegt es doch nahe, zu untersuchen, wie sich die Anzahl Zensiten, die auf je 10000 Köpfe der Bevölkerung entfallen, in den betreffenden Jahren prozentual auf die einzelnen Klassen verteilen. Tut man dies, so findet man: von den auf je 10000 Köpfe entfallenden Zensiten enthielten“:

	1892	1896	1901
Klasse a)	86,99%	87,53%	88,05%
„ b)	8,40	8,10	7,67
„ c)	2,28	2,18	2,08
„ d)	1,89	1,78	1,75
„ e)	0,37	0,35	0,37
„ f)	0,07	0,06	0,08
	100	100	100

Hieraus zieht Hunke Schlüsse, die mit denen, die aus der obigen Evertschen Tabelle zu ziehen wären, nicht übereinstimmen.

Durch diese Erweiterung schaltet Hunke gerade die Berücksichtigung der Bevölkerungsbewegung wieder aus, die ihm doch, wie wir aus seinen obigen Ausführungen ersehen können, sehr am Herzen lag.

---

[1] A. a. O.

[2] „Sozialistische Streifzüge durch die Materialien der Veranlagung zur Staatseinkommensteuer in Pr. von 1892—1901.“ Z. des Pr. St. B. 1902. Bd. IV. S. 260ff.

[3] „Die Vert. d. Eink. in Pr. u. Sachs. mit besonderer Berücksichtigung.....“ Z. des Kgl. Sächs. St. L. 1898.

Nehmen wir nämlich die absoluten Zensitenzahlen, aus welchen Evert seine obige Tabelle auf 10000 Köpfe der Bevölkerung berechnet hat[1]:

	1892	1896	1901
Klasse a)	2118969	2321424	3204205
„ b)	204544	214960	279128
„ c)	55561	57859	75604
„ d)	46092	47308	63792
„ e)	9034	9265	13371
„ f)	1658	1699	2773
	2435858	2652515	3638873

Die Bevölkerungszahl ist hier selbstverständlich gar nicht berücksichtigt. Wenn wir nun diese Zahlen einfach nach den einzelnen Klassenkategorien prozentuell verteilen, erhalten wir gerade die obige von Hunke mit der Überzeugung, daß die Bevölkerungsbewegung berücksichtigt bleibt, hergestellte Tabelle.

Das läßt sich algebraisch sehr einfach erklären.[2]

d) Die Würzburgersche Arbeit.

Dieselbe[3] besteht aus drei Abschnitten:

A. Die Bedeutung der Zahlen der Einkommensstatistik überhaupt.

B. Die Hauptergebnisse der bisherigen Statistik und die zu ihrer Beurteilung geeigneten Arten der Verhältnisberechnung.

C. Die Einkommensverhältnisse der Wahlberechtigten bei den Wahlen zur Zweiten Ständekammer in den Jahren 1897—1901.

Für uns kommt der Abschnitt B. in Betracht. In ihm führt Würzburger eine Reihe von Tabellen vor, an Hand deren er die sächsischen Einkommensverhältnisse in ihren zeitlichen Wandlungen untersucht. Nur die physischen Personen kommen in Betracht.

Die Tabelle 1 gibt uns die nach verschiedenen Steuerklassen geordneten absoluten Zahlen der Zensiten für die Jahre mit geraden Zahlen von 1878—1902 an; das Jahr 1879 ist eingeschaltet. Mit Hilfe dieser Tabelle und unter Berücksichtigung der Bevölkerungszahl berechnet Würzburger in derselben Weise wie Nitschke und Evert die Tabelle 2, die die auf 1000 Einwohner treffenden Zensiten für die Volkszählungsjahre 1880, 1890, 1900 nach verschiedenen Einkommensklassen summiert angibt.

Bei einem zeitlichen Vergleich ist es, wie Bresciani mit Recht betont hat, eine Aufgabe von großer Bedeutung, die Zensitengruppen

[1] Z. des Pr. St. B. 1902. S. 260.

[2] Vergl. Anmerk. S. 38.

[3] „Die sächsische Einkommensstatistik als Maßstab für die Beurteilung der Einkommensverhältnisse.“ Z. des Sächs. St. L. 1904. S. 1ff.

so zu gestalten, daß die Einkommensverhältnisse gleicher sozialer Schichten verglichen werden können. Da die Lebensverhältnisse aber im Laufe der Zeit immer schwieriger geworden sind und das Durchschnittseinkommen beinahe regelmäßig gestiegen ist, darf man nicht die Zensitenzahlen, welche zu verschiedenen Zeitpunkten derselben Einkommensklasse entsprechen, miteinander vergleichen. Andererseits aber ist es recht schwierig, festzustellen, in welchem Maße die einzelnen Einkommensgrenzen für verschiedene Zeitpunkte erhöht werden müßten, um die Vergleichbarkeit zu ermöglichen.

Hätte Würzburger bei der Herstellung der Tabelle 2 wenigstens der im Laufe der Zeit stattgefundenen Einkommenszunahme Rechnung getragen, so wäre er zu einem ganz anderen Resultate gelangt. Es ergibt sich nämlich nach Würzburger aus der Tabelle 2:

Unter 1000 Einwohnern waren eingeschätzt:[1]

Jahr	Mit höchstens 700 M.			Mit mehr als 700 M.					Zusammen
	überhaupt	darunter mit		überhaupt	darunter mit				
		höchst. 400 M.	400 bis 700		700 bis 1600	1600 bis 4300	4300 bis 20000	über 20000	
1	2	3	4	5	6	7	8	9	10
1880	267,3	111,1	156,2	108,4	77,2	24,7	6,0	0,5	375,7
1890	236,9	74,6	162,3	162,6	123,5	30,1	8,1	0,9	399,4
1900	195,0	44,3	150,7	219,0	167,2	40,5	10,0	1,3	413,9

Bei Berücksichtigung der Einkommenszunahme aber würde diese Zusammenstellung wie folgt aussehen:

Jahr	Klasse I u. II	Kl. I	Kl. II	überhaupt	Klassen				Zusammen
					III	IV	V	VI	
1	2	3	4	5	6	7	8	9	10
1880	267,3	11,1	156,2	108,4	77,2	24,7	6,0	0,5	375,7
1890	293,8	163,8	130,0	105,4	78,7	20,7	5,5	0,6	399,2
1900	312,2	172,8	139,3	101,7	76,8	19,0	5,2	0,7	413,9

Die Korrektur fand in der Weise statt, daß für die Jahre 1890 und 1900 die einzelnen Einkommensgrenzen um 29% bzw. 58% erhöht wurden, d. h. um einen der relativen Zunahme des pro Kopf der Bevölkerung treffenden Einkommens entsprechenden Prozentsatz.

So wurden folgende Einkommensgrenzen gefunden:[2]

1880:	400	700	1600	4300	20000
1890:	516	903	2064	5547	25800
1900:	632	1106	2528	6794	31600

[1] Z. des Sächs. St. B. 1904, S. 11.

[2] Die den neugebildeten Einkommensklassen entsprechenden Zensitengruppen wurden mit Hilfe der Paretoschen Formel $\log y = A - \alpha \log x$ durch partielle Interpolationen ermittelt.

Wenn wir nun mit Würzburger, um die Zu- und Abnahme der einzelnen Einkommensklassen vergleichen zu können, in den beiden obigen Tabellen die Zahlen für 1880 gleich 100 setzen, so erhalten wir:

Nach Würzburger:

Jahr	I	II	III	IV	V	VI
1	2	3	4	5	6	7
1880:	100	100	100	100	100	100
1890:	67	104	160	122	135	180
1900:	40	96	216	164	167	260

Nach unserer Berechnung:

1880:	100	100	100	100	100	100
1890:	147	83	102	84	92	120
1900:	155	89	99	77	87	140

Also wenn wir von den Spalten 3 und 7 absehen, ganz entgegengesetzte Resultate.

Die Tabellen III und IV geben uns die verhältnismäßige Verteilung der Zensiten auf die Steuerklassen im Zeitraum 1887—1902, und zwar Tabelle III für alle Zensiten überhaupt und Tabelle IV für Zensiten mit Einkommen über 400 M.

Würzburger selbst sagt, daß die Hinzufügung dieser beiden Tabellen „trotz der Bedenken gegen diese Abrechnungsweise“ deswegen geschah, „weil die Reduktion auf die Bevölkerung so weit, ferner Zahlenunterschiede in Frage kommen, mehr auf die Volkszählungsjahre, aber nicht auf diejenigen Jahre anwendbar ist, für welche genaue Einwohnerzahlen fehlen, und weil die Prozentualverteilung für die Beurteilung gewisser. Einzelheiten, wie z. B. des Verhältnisses des durch die Vermehrung der Zahl der Einkommensbesitzer weniger berührten höheren und höchsten Einkommensklassen zueinander immerhin brauchbar erscheint“.

Die Tabelle III, welche die prozentuelle Verteilung der sämtlichen nach den einzelnen Einkommenskategorien wiedergibt, leidet an denselben Mängeln wie die Tabelle II und außerdem an der Nichtberücksichtigung der Bevölkerungsbewegung.

Was die darauffolgende Tabelle IV anbetrifft, so ist sie noch unzuverlässiger, weil sie neben dem Umstande, daß sie in derselben Weise wie die Tabelle III hergestellt ist, für die sämtlichen Zeitpunkte immer mit Einkommen über 400 M. anfängt. Wie oben schon ausgeführt wurde, sind das aber ganz unvergleichbare Werte (vgl. S. 3)[1].

Wenn nun auch alle diese Mängel beseitigt werden können, halten wir die Verwendung von Tabellen, welche die prozentuelle Verteilung von Zensiten auf die einzelnen Klassen angeben[2], insofern für irreführend, als nach dieser Berechnungsart eine Zensitenschicht sich

[1] Vgl. Anmerkung S. 39.
[2] Die sogenannte Soetbeersche Methode.

ihren früheren Rang nur dann erhält, wenn sie im Maße ihres bisherigen Ranges an der Steigerung partizipiert. Auch Julius Wolf äußert sich in diesem Sinne[1].

Betrachten wir z. B. die folgende empirische Tabelle:

Einkommensklassen in geom. Progression	Zensiten in % 1880	1900
1	2	3
I	50	50
II	20	20
III	15	15
IV	10	10
V	5	5
	100	100

Wir sind hier geneigt, zu sagen: Die Einkommensverteilung ist weder gleichmäßiger noch ungleichmäßiger geworden, sondern dieselbe geblieben.

Wenn aber im Jahre 1880 die Gesamtzahl der Zensiten 1000000 war, während sie im Jahre 1900 1500000 geworden ist, dann erhalten wir nach der obigen Tabelle:

Einkommensklassen in geom. Progression	Zensiten 1880	1900	Stiegen Zensiten empor 1880—1900 in abs. Zahlen	in %
1	2	3	4	5
I	500000	750000	250000	50
II	200000	300000	150000	75
III	150000	225000	75000	50
IV	100000	150000	25000	25
V	50000	75000	—	—
	1000000	1500000	—	—

Die Spalte 5 weist verschiedene Prozentzahlen von hinaufgestiegenen Zensiten auf, obwohl die prozentuelle Verteilung nach den einzelnen Einkommenskategorien dieselbe geblieben ist und folglich kann nicht — wenigstens vom Standpunkte der (korrigierten) Wolfschen Methode aus gesehen — die Rede von einer unveränderten Einkommensverteilung sein.

Gegen Schluß dieses Abschnittes sucht Würzburger die Verschiebungen, „welche das Verhältnis der verschiedenen Wohlstandsklassen zueinander erfahren hat", zu ermitteln. Seiner Meinung nach wäre dies zu erreichen, „wenn man statt des absoluten Betrags des Einkommens des einzelnen Eingeschätzten seinen Prozentualanteil am Gesamteinkommen oder, was zu dem nämlichen Ergebnis führt, sein Verhältnis zum jeweiligen Durchschnittseinkommen auf den Kopf der Bevölkerung zum Maßstab macht"; und dies führt er praktisch wie folgt durch:[2]

[1] Sozialismus und kapitalistische Gesellschaftsordnung. S. 240.
[2] A. a. O., S. 11.

„Am Ausgang der siebziger Jahre des vorigen Jahrhunderts machte ein Einkommen von 800—3300 M., welches gewöhnlich als mittleres bezeichnet worden ist, etwa 0,00009—0,0004% des Gesamteinkommens oder das $2^2/_3$—11 fache des auf einen Einwohner treffenden Teiles desselben aus. Denselben Prozentsatz bildet jetzt ein Einkommen von ungefähr 1250—5300 M. Ebenso entsprechen dem früher als solche der wohlhabenden Klasse bezeichneten Einkommen von 3300—9600 M. jetzt etwa 5300—16000 M......“ Über diesen „sehr beachtenswerten Vorschlag“, wie ihn Robert Meyer[1] nennt, ist zunächst zu bemerken, daß wir bei der Berechnung von 0,00009, 0,0004 usw. Prozent des Gesamteinkommens des Jahres 1902 einerseits und bei der Berechnung des $2^2/_3$—11- usw. fachen von dem in demselben Jahre auf einen Einwohner treffenden Teiles des Gesamteinkommens andererseits nicht zu gleichen Resultaten kommen, was nach Würzburger der Fall sein soll.

Wenn wir nämlich die Bevölkerungszahl für die beiden Zeitpunkte mit P_1 und P_2 bezeichnen, sowie das Gesamteinkommen mit G_1 und G_2, dann müssen wir im ersten Fall die Zahlen 800, 3300, 9600 um $\frac{G_2-G_1}{G_1}\cdot 100\%$, d. h. um einen Prozentsatz gleich der relativen Zunahme des Gesamteinkommens binnen dieser Periode vergrößern; dagegen im zweiten Fall um $\frac{G_2P_1-G_1P_2}{G_1P_2}\cdot 100\%$, d. h. um einen Prozentsatz gleich der relativen Zunahme auf den Kopf der Bevölkerung fallenden Einkommens. Abgesehen von dem seltenen Fall einer stationären Bevölkerung, gelangen wir zu ganz verschiedenen Resultaten.

Von diesen beiden Korrekturvorschlägen kann nur der letzte als ein befriedigender betrachtet werden, da der erste gar keine Rücksicht auf die jeweilige Bevölkerungszahl nimmt.

Auf alle Fälle muß nach den beiden Berechnungsarten die Spannung zwischen den älteren und neueren Einkommenziffern eine relativ konstante bleiben, was bei Würzburger nicht der Fall ist. So erhalten wir nach ihm:

1878	1902	Zunahme in %
800	1250	50,25
3330	5300	60,66
9600	16000	66,66

Wenn er die zweite Berechnungsart richtig ausgeführt hätte, würde er — da nach ihm das Einkommen der physischen Personen pro Kopf der Bevölkerung im Jahre 1878 300 M. (800: $2^2/_3$) und im Jahre 1902 468,75 M. (1250: $2^2/_3$) betrug — das folgende Resultat erhalten haben müssen:

[1] Handw. der Staatsw. 3. Aufl. III. S. 173.

1878	1902	Zunahme in %
800	1250	56,25
3300	5156	56,25
9600	15000	56,25

Um die Bewegung der Einkommensverteilung zu verfolgen, teilt Würzburger das Gesamteinkommen in vier gleiche Viertel, und indem er die Zensiten nach der Höhe ihrer Einkommen — mit dem niedrigsten beginnend — anordnet, stellt er fest, wieviele Personen von ihnen (von oben nach unten) an den obenerwähnten Einkommensvierteln teilnehmen. Je mehr sich die Verhältniszahlen einander nähern, desto gleichmäßiger wird die Verteilung.

Die Hauptbedingung ist, daß für die in Betracht gezogenen Jahre entweder sämtliche Einkommensbezieher berücksichtigt werden oder, wenn das unmöglich ist, von vornherein festgestellt wird, welche Arten von Zensiten für die verschiedenen Vergleichsjahre gegenüberzustellen sind, was allerdings nicht ganz einfach ist. Würzburger geht von dem ersten Standpunkte aus und berücksichtigt bei der Herstellung der Tabelle V für jeden in Betracht gezogenen Zeitpunkt die Gesamtzahl der Einkommensbezieher. Bresciani[1] behauptet mit Unrecht, daß Würzburger in dieser Tabelle V für alle Zeitpunkte nur die Zensiten mit Einkommen über 500 M. in Betracht gezogen habe.

Diese Berechnungsart, welche auch von anderen in Anwendung gebracht wurde, hat den Nachteil, daß sie uns nicht über die zeitlichen Wandlungen der Einkommen der einzelnen sozialen Schichten informiert[2].

Hiermit können wir die Besprechungen der wichtigeren Methoden schließen. Vergegenwärtigen wir uns noch einmal die Resultate:

1. Die älteste Methode des prozentuellen Klassenzuwachses ist wegen verschiedener zum Teil nicht verbesserungsfähiger Mängel ganz unzuverlässig.

2. Die Wolfsche Methode, die der vorhergehenden zwar überlegen ist, ist nicht recht brauchbar, da wir nach unserem Dafürhalten nicht berechtigt sind, aus dem Charakter der Reihe, welche die Zahlen der Übergegangenen in Prozenten angibt, ohne weiteres Schlüsse auf entsprechende Einkommensverschiebungen zu ziehen.

3. Die Methode bzw. Korrekturen von Soetbeer, Nitschke, Evert, Böhmert und Würzburger sind mit den meisten Fehlern der Wagnerschen Methode behaftet, während der Versuch von Hunke sie weiter auszubauen, ihre beste Eigenschaft, die Berücksichtigung der Bevölkerungsbewegung, ausschließt.

Im folgenden soll nun eine andere Methode erläutert werden, die alle bisher begangenen Fehler zu vermeiden sucht.

---

[1] A. a. O., S. 596.

[2] Vgl. Anmerkung S. 39.

e) Die von uns in Anwendung gebrachte Methode.

Eine Untersuchung über die Wandlungen irgend einer Massenerscheinung sei es, daß diese zeitlich oder räumlich abgegrenzt wird, erfordert immer die Wahl einer Basisreihe. Bei einer statistischen Untersuchung über die Einkommensverteilung kommen für diese Basis zwei Elemente in Betracht: die Höhe des Einkommens (Einkommensklassen) und die Anzahl der Einzeleinkommen (Zahl der Zensiten).

Wie wir gesehen haben, ging man bisher stets von der Höhe der Einkommen aus und daraus ergaben sich alle Schwierigkeiten. Es hat sich nämlich gezeigt, wie oben dargetan wurde, daß es nicht leicht, ja fast unmöglich ist, die gegenüberzustellenden Zensitenreihen so zu bestimmen, daß die Ergebnisse der Vergleichung durchaus einwandfrei sind. Wenn wir aber auf die Einkommensklassen als Basisreihe verzichten und statt dessen auf die Zahl der Zensiten zurückgreifen, kommen die oben geschilderten Schwierigkeiten in Fortfall. Diese neue Basis kann in folgender Weise berechnet werden: Nachdem sämtliche Einkommen nach ihrer Höhe geordnet sind, teilt man die erhaltenen Jahresreihen in eine konstante Zahl von Gruppen, deren jede eine relativ konstante Zahl von Zensiten umfaßt.

Das kann etwa in der Weise geschehen, daß von je 100000 Zensiten

100	in	Gruppe	I
1600	„	„	II
6300	„	„	III
21000	„	„	IV
71000	„	„	V
100000			

kommen.

Ferner berechnen wir für jede einzelne Gruppe die Grenzen, zwischen welchen sich die Einkommen der ihr angehörigen Zensiten bewegen. Auf diese Weise erhalten wir unmittelbar die gewünschten vergleichbaren Werte. Schließlich stellen wir das Durchschnittseinkommen für jede Gruppe fest. Die Abweichungen, die sich dann bei Querschnitten durch diese Tabelle zeigen, geben uns ein ganz klares Bild der im Laufe der Zeit eingetretenen Verschiebungen.

Es ist selbstverständlich, daß bei Anwendung dieser Methode auch stets die Zensiten mit steuerfreiem Einkommen voll zu berücksichtigen sind, soweit es auf Grund des amtlichen Materials möglich ist.

Dieses Verfahren wurde zum ersten Male von A. N. Kiaer[1] gelegentlich einer Untersuchung über die gleichzeitige Einkommensverteilung in verschiedenen Ländern zur Anwendung gebracht. Im

[1] „Repartitions Sociales des Revenus." Bulletin de l'Institut int. de Stat. Tome VIII. 22. 1909. S. 126ff.

Jahre 1908 wurden hierüber dem internationalen statistischen Institut eingehende Mitteilungen gemacht, welche in dessen Bulletin veröffentlicht worden sind. Am Schluß seiner Ausführungen gibt Kiaer einen Einblick in die Einkommensverteilung im Königreich Sachsen und in Preußen für die Jahre 1888 und 1906 bzw. 1892/1893 und 1906[1]. Kiaer aber geht nicht, wie wir vorgeschlagen haben, von der Gesamtzahl der Zensiten, sondern von der Adultbevölkerung aus. Er behauptet nämlich, es bestünde in allen Ländern zwischen Gesamtzahl der Zensiten und Adultbevölkerung ein konstantes Verhältnis, welches nicht allzuviel von 60% abwiche[2] und legte den Durchschnittswert 60 seiner Arbeit zugrunde. So stellt er für das Königreich Sachsen folgende Tabelle auf:

Zensiten-gruppen	Einkommenskategorien 1888	Einkommenskategorien 1906	Durchschnittseinkommen 1888	Durchschnittseinkommen 1906	Zunahme in %
1	2	3	4	5	6
1000	7200 u. darüber	9400 u. darüber	17930	25150	+ 40,3
6000	1993—7200	2501—9400	3283,6	4226	+ 28,7
16000	950—1993	1290—2501	1284	1728	+ 34,6
27000	600—950	825—1290	736	1037,2	+ 40,9
50000	300—600	338—825	430,4	585,4	+ 36,9
100000	300 u. darüb.	338 u. darüb.	999	1354	+ 35,4

Kiaer benutzt in dieser Tabelle die schon für den internationalen Vergleich berechneten 60% der Adultbevölkerung, obwohl er selbst für das Königreich Sachsen die Verhältniszahl 64 angibt. Er nimmt an, daß auf die fehlenden 4% die Einkommen unter 300 bzw. 338 M. entfallen. Also aus rein praktischen Gründen hat Kiaer die unteren Einkommen unberücksichtigt gelassen.

Dieses Verfahren ist an sich auf die Richtigkeit der Ergebnisse ohne Einfluß. Dennoch kommt Kiaer zu falschen Resultaten, weil er von der unzutreffenden Voraussetzung ausgeht, daß das Verhältnis zwischen Gesamtzahl der Zensiten und Adultbevölkerung im Laufe der Zeit konstant auf 64% stehen geblieben sei. Daß er sich darin irrt, zeigt die nachstehende Tabelle (in derselben werden die Werte für die Jahre 1880, 1890 und 1900 verglichen, weil in diesen gleichzeitig Einkommensschätzungen und Volkszählungen vorgenommen wurden):

Jahr	Zahl der Bevölkerung überhaupt	Zahl der Adultbevölkerung	Zahl der Zensiten
1	2	3	4
1880	2972805	1911546	1115918
1890	3502684	2264590	1398686
1900	4202216	2739667	1739461

[1] A. a. O., S. 130.
[2] A. a. O., S. 121.

Folglich:

Proz. der Sp. 3 u. 2	Proz. der Sp. 4 u. 3
64,1	58,4
64,6	61,8
65,2	63,5

Die Adultbevölkerung nimmt also etwas schneller als die Gesamtbevölkerung zu, die Zahl der Zensiten aber bedeutend schneller als die Adultbevölkerung. Es kann folglich für das Königreich Sachsen gar nicht von einem konstanten Verhältnis zwischen Adultbevölkerung und Zensiten die Rede sein.

Für einen internationalen Vergleich ist man allerdings genötigt, ein konstantes Verhältnis anzunehmen, da in den meisten Ländern die Statistik nicht die Gesamtzahl der eingeschätzten, sondern nur die Zahl der Steuerpflichtigen gibt, man mithin das schwankende Verhältnis nicht genau berechnen kann. Wo die Gesamtzahl der Zensiten bekannt ist, muß diese selbstverständlich zugrunde gelegt werden.

Das letzte Ziel der mathematisch statistischen Untersuchungen auf dem Gebiete der Einkommensverteilungsstatistik ist es, einen Ausdruck für den Grad der Ungleichheit in der Einkommensverteilung ausfindig zu machen. Um diesem Problem nähertreten zu können, müssen wir uns zunächst darüber klar werden, wann wir überhaupt sagen dürfen, daß eine Einkommensverteilung gleichmäßiger oder ungleichmäßiger geworden sei.

Eine Einkommensverteilung kann auf dreierlei Weise gleichmäßiger werden:

1. Wenn Zensiten in höhere Klassen einrücken.
2. Wenn Zensiten in niedrigere Klassen herabsinken.
3. Wenn diese beiden Erscheinungen zusammentreffen.

Diese drei Möglichkeiten, von welchen allerdings die erste bei weitem die größte Rolle spielt, veranlassen eine Verminderung der Ungleichheit nur in dem Falle, daß die Spannung zwischen dem niedrigsten und höchsten Einkommen beinahe dieselbe geblieben oder kleiner geworden ist. Wenn nämlich eine Bewegung der Zensiten von unten nach oben von einer Erweiterung des Intervalls zwischen dem niedrigsten und höchsten Einkommen begleitet ist, dann läßt sich unter Umständen eine Vergrößerung und nicht eine Verminderung der Ungleichheit feststellen. Dieser Umstand ist oft übersehen worden.

Vilfredo Pareto glaubt in seinem berühmt gewordenen Cours d'Économie politique[1] in „α" den Ausdruck für die Ungleichheit in der Einkommensverteilung gefunden zu haben: „Die Ungleichheit wächst und vermindert sich mit „α".[2]

---

[1] Cours d'économie politique. Lausanne 1897. Bd. II. Cap. „La courbe des revenus".

[2] A. a. O., S. 321.

Wir meinen, daß diesem Koeffizienten „α" nicht allzuviel Wert beizumessen ist, und zwar aus folgenden Gründen:

1. Der Koeffizient α stützt sich auf das sogenannte Paretosche Gesetz: die Punkte, die wir erhalten, wenn wir auf der X-Achse die Logarithmen der verschiedenen nach der Höhe geordneten Einkommenssummen, z. B. 300 M., 400 M., 500 M., 600 M. usw., und auf der Y-Achse die Logarithmen der Zensiten mit Einkommen über 300 M., über 400 M. usw. eintragen, bilden zusammen eine Gerade. „α" bezeichnet den Neigungswinkel zwischen dieser Geraden und der X-Achse.

Das Paretosche Gesetz entspricht der Wirklichkeit nicht genau. Allerdings nähern sich die betreffenden Punkte einer Geraden. Die Abweichungen sind aber zahlreich und groß genug, um, wie auch schon von anderer Seite hervorgehoben wurde, den Wert des Gesetzes herabzusetzen.

2. Der Koeffizient α hat ferner den Nachteil, daß er wenig empfindlich ist; er weicht in der Regel nur um ein Geringes von 1,5 ab.

3. Schließlich gelangt in dem Koeffizienten auch die Spannung zwischen dem niedrigsten und höchsten Einkommen nicht zum Ausdruck.

Trotz aller dieser Bedenken ist das Paretosche Gesetz im beschränkten Maße verwendbar. Besonders ist es zur Vornahme von partiellen Interpolationen geeignet.

Den Ansprüchen Beninis scheint das Paretosche Gesetz vollauf zu genügen. Er bezeichnet in seinem „Principii di statistica metodologica"[1] den Koeffizienten als „indice della ripartizione dei redditi"[2]. Praktisch fand das Paretosche Gesetz in den letzten Jahren in der englischen Einkommensstatistik Anwendung.[3] Corrado Gini[4] empfiehlt einen neuen Maßstab für die Ungleichheit und bezeichnet ihn mit „δ". Diese Größe beruht ebenso wie „α" auf dem Paretoschen Gesetz, ist aber der anderen deswegen vorzuziehen, weil sie leichter variiert.

Nachdem mit Hilfe der oben geschilderten Methode (S. 17) die Einkommensverteilung in ihren zeitlichen Wandlungen untersucht worden ist, kann ein annähernd richtiger Ausdruck für die Ungleichheit der Einkommensverteilung überhaupt vielleicht in folgender Weise gefunden werden. Man berechnet das Durchschnittseinkommen der Reichsten[5] und dasjenige sämtlicher übrigen Zensiten. Der

---

[1] Principii di statistica metodologica. Torino 1906.

[2] A. a. O., S. 248.

[3] Bowley, Report of Comittee on Income Tax with Ewidence. Appendix. London. King and Son.

[4] „Il diverso accroscimento delle classi sociali e la concentratione della richezza." Giornali degli Economisti. Gennaio. 1909.

[5] Wir halten als zweckmäßig zu diesem Zweck nicht das in Wirklichkeit vorhandene Höchsteinkommen — welches manchmal von ganz speziellen Umständen abhängt — als Höchsteinkommen zu betrachten, sondern das Durchschnittseinkommen eines für die in Betracht gezogenen Zeitpunkte konstanten Prozentteiles der Gesamtzahl der Zensiten.

Quotient dieser beiden, den wir als „Ungleichheitskoeffizienten" bezeichnen wollen, kann als Ausdruck der Ungleichheit betrachtet werden.

Die Zensiten bilden bekanntlich eine abnehmende Reihe, wenn sie nach der Höhe ihrer Einkommen in Gruppen geordnet werden. Ferner ist schon erwähnt worden, daß Veränderungen in der Einkommensverteilung hauptsächlich durch das Hinaufrücken von Zensiten in höhere Klassen bedingt sind.

Es handelt sich nun noch darum, die Art des Hinaufsteigens zu untersuchen. Wird die Bewegung mit der Höhe des Einkommens immer langsamer, dann wird auch die Ungleichheit kleiner und umgekehrt. Bleibt die Bewegung im Verhältnis zur Höhe des Einkommens konstant, dann bleibt auch der Grad der Ungleichheit in der Verteilung derselbe. Im ersten Fall wird das Durchschnittseinkommen der Reichsten langsamer als das der übrigen Zensiten zunehmen und damit der Ungleichheitskoeffizient kleiner werden. Im zweiten Fall ist es umgekehrt. Im dritten Fall bleibt der Koeffizient unverändert.

So wird z. B., nach der auf Seite 18 vorgedruckten Tabelle, das Durchschnittseinkommen der Reichsten:

für das Jahr 1888: 17930 M.
„ „ „ 1906: 25150 „

Als Durchschnittseinkommen der übrigen Zensiten ergibt sich:

für das Jahr 1888: 824 M.
„ „ „ 1906: 1114 „

Der gesuchte Ungleichheitskoeffizient wird sein:

$$\text{für das Jahr 1888: } \frac{17930}{824} = 21{,}7,$$

$$\text{„ „ „ 1906: } \frac{25150}{1114} = 22{,}5.$$

Folglich hat die Ungleichheit in der Periode 1888—1906 unbedeutend zugenommen.

Einen genauen Ausdruck der Ungleichheit in der Einkommensverteilung kann man unseres Erachtens nur dann erhalten, wenn man mit Hilfe der Integralrechnung die Abweichungen aller Einkommen von ihrem Durchschnitte berücksichtigt, was auch v. Bortkiewicz[1] vorschlägt. Wir glauben aber, daß der vorstehend gekennzeichnete einfache Weg in Verbindung mit der Untersuchung der Einkommensverteilung auf die einzelnen Schichten der Bevölkerung ein befriedigendes Resultat liefert.

Versuchen wir nun im zweiten Teil dieser Arbeit eine praktische Anwendung. Aus naheliegenden Gründen bedienen wir uns hierbei des sächsischen Materials.

---

[1] „Die Grenznutztheorie als Grundlage einer ultraliberalen Wirtschaftspolitik." Schmollers Jahrb. für Gesetzgebung usw. 1898.

Zweiter Teil.

Die Einkommensverteilung im Königreich Sachsen in ihren zeitlichen Wandlungen.

a) Das Material und seine technische Verwendung.

In dem ersten Teil dieser Arbeit wurde schon erwähnt, daß die Ergebnisse der Einschätzung zur allgemeinen Einkommensteuer als das relativ brauchbarste Material für Untersuchungen über die Einkommensverteilung zu betrachten sind. Da wir dieses Material benützen, halten wir es für unsere Pflicht, seinen quantitativen und qualitativen Wert zu würdigen.

In bezug auf den quantitativen Wert der Ergebnisse der Einschätzung zur allgemeinen Einkommensteuer ist hier das zu erwähnen, was schon von anderer Seite dargetan wurde,[1] daß nämlich die Endsumme aller Einschätzungen nicht das Gesamteinkommen des Volkes, sondern aus verschiedenen Gründen einen geringeren Betrag angibt. Außerdem ist hinzuzufügen, daß derjenige Teil der Einkommen der physischen Personen, welcher aus der Beteiligung an Unternehmungen der sogenannten juristischen Personen herrührt, von der allgemeinen Einkommensteuer nicht voll erfaßt wird.

Was den qualitativen Wert des Materials anbetrifft, so muß zunächst hervorgehoben werden, daß nach dem sächsischen Gesetze grundsätzlich jede über 16 Jahre alte Person, deren Einkommen die Minimalgrenze übersteigt, für sich zur Steuer herangezogen wird.[2] Insbesondere sind „Ehefrauen wegen der Nutzung desjenigen Vermögens, über welches ihnen die freie Verfügung zusteht, und wegen ihres sonstigen Erwerbs besonders zu besteuern; ebenso die in elterlicher Gewalt stehenden Kinder wegen der Nutzungen des der elterlichen Nutznießung nicht unterliegenden Vermögens und wegen ihres sonstigen Erwerbs".[3] Nur soweit weder Vorbehaltsgut vorhanden, noch ein Vertrag auf Gütertrennung abgeschlossen ist, werden also die Einkünfte der Frau dem steuerpflichtigen Einkommen des Mannes zugerechnet.[4] (Vergleiche dagegen das preußische Einkommensteuergesetz vom 24. Juni 1891 und Novelle vom 19. Juni 1906, und öster-

---

[1] Vgl. Würzburger, Z. des Sächs. St. L. 1904. S. 1ff.
[2] Gesetz vom 24. Juli 1900, § 1.
[3] Gesetz vom 24. Juli 1900, § 3.
[4] Instruktionen vom 24. Juli 1900, § 19.

reichisches Gesetz vom 25. Dezember 1896.) Da durch diese eigenartige Bestimmung des sächsischen Einkommensteuergesetzes die Klasse derjenigen, die ein kleineres Einkommen beziehen, nicht unbedeutend erweitert wird, ist das sächsische Material bei Untersuchungen über die Verteilung des Gesamteinkommens auf die großen sozialen Schichten nur mit Vorsicht zu gebrauchen. Wenn es sich aber um das wichtige Problem der Einkommensverschiebungen handelt, wie bei unserer Untersuchung, dann verursacht diese Besonderheit keine erheblichen Schwierigkeiten.

Übrigens muß auch seit 1904 die Stellung im Haushalte in die Hauslisten eingetragen werden.[1] Infolgedessen ist es möglich, eine Gruppierung der Zensiten nach Haushaltungen vorzunehmen.

Ein Vorzug des sächsischen Materials gegenüber dem preußischen ist unter anderen darin zu erblicken, daß es außer über die steuerpflichtigen auch über die steuerfreien Zensiten Angaben enthält, was für eingehende Untersuchungen von großer Bedeutung ist.

Von einer Übereinstimmung der eingeschätzten mit den wirklichen Einkommen kann nicht die Rede sein, und zwar aus doppeltem Grunde:

1. Die Veranlagungen geben nur das voraussichtliche Einkommen an, und daher bleiben plötzliche Veränderungen innerhalb des Steuerjahres häufig unberücksichtigt. Das Gesetz selbst unterscheidet zwischen feststehenden und schwankenden Einkommen: die ersteren sind „nach dem Betrage zur Zeit der Einschätzung anzunehmen; die anderen nach dem Betrage in dem der Einschätzung unmittelbar vorausgegangenen Kalenderjahre".[2] Für gewisse Einkommensarten (Landwirtschaft, Gewerbe, Aktiengesellschaften) ist sogar das Durchschnittseinkommen der letzten drei Jahre maßgebend. Es kommen also bei der Einschätzung drei verschiedene Verfahren zur Anwendung, deren jedes mit bestimmten Mängeln behaftet ist.

2. Aus leicht erklärlichen Gründen sind die Zensiten stets bestrebt, in eine möglichst niedrige Klasse eingestellt zu werden, was eine Trübung des Bildes im Gefolge hat. Wir haben uns bemüht, diesen Umstand rechnerisch nachzuweisen. Wir haben als Durchschnittseinkommen für die einzelnen Steuerklassen die Mitte zwischen den Klassengrenzen angenommen und dann aus diesem Werte und der Anzahl der Zensiten das Gesamteinkommen der Klasse berechnet. Durch Addition der so erhaltenen Werte fanden wir das Gesamteinkommen aller im Königreich Sachsen eingeschätzten physischen Personen. Seltsamerweise wich diese Summe nur um rund 6 pro Mille von derjenigen ab, die das Statistische Amt durch Summierung aller Einkommen gewann. Daraus ergibt sich, daß wir mit der Verlegung des Durchschnittseinkommens in die Mitte der Klasse keinen erheblichen Fehler begingen. Die graphische Darstellung von der Anordnung der Zensiten innerhalb einer Klasse wird also das Bild eines

[1] Generalverordnung des Kgl. Finanzministeriums vom 22. April 1903.
[2] § 16.

Zylinders ergeben, statt, wie auf Grund einfacher Überlegungen zu erwarten wäre, das einer pyramidenähnlichen Figur. Es müssen also ziemlich starke Verschiebungen erfolgt sein, auf deren Möglichkeit schon wiederholt hingewiesen wurde.

Wir haben soeben gesehen, daß das amtliche Material kein getreues Bild der Wirklichkeit wiedergibt. Es ist außerdem darauf hinzuweisen, daß auch die Vergleichung verschiedener Jahre durch Änderungen der Steuergesetze erschwert wird, soweit es sich dabei um ungleichmäßige Änderungen der Steuersätze handelt. Für uns kommen infolgedessen die Gesetze vom 10. März 1894, vom 1. Juli 1902 und von 1907 in Betracht, durch welche die höheren Einkommen zu bedeutenden Mehrleistungen herangezogen werden. Das hat die betreffenden Zensiten natürlich veranlaßt, ihr Einkommen entsprechend niedriger zu deklarieren.

Endlich sei noch erwähnt, daß die absolute Vergleichbarkeit auch durch die im Laufe der Zeit allmählich erfolgte Verbesserung des Einschätzungsverfahrens etwas beeinträchtigt wird.

Trotz aller dieser Mängel, die übrigens zum Teil nicht zu vermeiden sind, ist das sächsische Material recht brauchbar, im Verhältnis zu dem von anderen Staaten gelieferten das beste und vollkommenste. Leider können wir nicht dasselbe über die Veröffentlichungen der Einschätzungsergebnisse sagen, die alle zwei Jahre in der Zeitschrift des sächsischen Statistischen Landesamtes und gekürzt in den Statistischen Jahrbüchern für das Königreich Sachsen erfolgen.[1] Vor allen Dingen hätte die Kontinuität mehr gewahrt werden müssen. Auf diese kann man keinesfalls verzichten, wenn es sich darum handelt, Massenerscheinungen in ihrer zeitlichen Wandlung zu untersuchen.

Die Veröffentlichungen für 1880—1894 geben für jede einzelne Einkommensklasse Zahl und Einkommen der physischen Personen an; in den Jahren 1894—1900 wurden meistens mehrere Klassen zusammengefaßt. Seit 1902 wird ganz und gar nur die Zahl der physischen Personen angegeben, während ihr Einkommen mit jenem der juristischen Personen vereinigt erscheint.

Tabelle V, welche gesonderte Angaben für Stadt und Land enthält, bietet uns für die erste Periode 1880—1892, gleichfalls nur die Zahl der physischen Personen. 1894 verschwindet diese Tabelle vollständig, um im Jahre 1902 in abgeänderter Form wieder aufzutauchen. Seither werden über das Einkommen der einzelnen Klassen überhaupt keine Angaben mehr gemacht. Ferner scheint es recht unzweckmäßig zu sein, daß jetzt die Zahl der Zensiten nur bis zu Klasse 48 inkl. für jede Klasse besonders angegeben wird, während die übrigen 3252 Klassen eine einzige Gruppe bilden. Außerdem ergaben sich Schwierigkeiten, weil 1908 das Gesamteinkommen der physischen Personen in der erwähnten Gruppe nicht gesondert an-

[1] Für die vorliegende Arbeit sind nur die ausführlichen Angaben der Zeitschrift verwertet worden.

gegeben wird, was 1904 wenigstens der Fall ist. Die fehlenden Zahlen mußten daher durch Interpolation gewonnen werden. Wir sind uns bewußt, daß sie infolge des Mangels an Kontinuität, trotz größter Sorgfalt, nicht gleichwertig sind.

Nach diesem Gesichtspunkt sind z. B. die Zahlen zu werten, welche das Einkommen der physischen Personen nach Stadt und Land getrennt angeben. Diese wurden für die Periode 1880—1892 in der Weise gewonnen, daß wir nur die Einkommen der juristischen Personen jeder Klasse, deren Zahl verhältnismäßig gering ist, berechneten und von dem veröffentlichten Gesamteinkommen in Abzug brachten. Für den Zeitraum 1902—1908 berechneten wir dagegen das Einkommen der physischen Personen unmittelbar durch Multiplikation ihrer Zahl mit dem arithmetischen Mittel der Klassengrenzen. Da das Durchschnittseinkommen nur annähernd in der Mitte liegt und die Zahl der physischen Personen bedeutend größer ist als die der juristischen, wir mithin im zweiten Falle den in unserer Berechnung liegenden Fehler viel häufiger wiederholt haben, so ist ohne weiteres anzunehmen, daß die für den Zeitraum 1904—1908 berechneten Zahlen etwas ungenauer sind als diejenigen für 1880—1892.

Eine wünschenswerte Vervollkommnung würden die sächsischen Veröffentlichungen erfahren, wenn in sie auch eine Übersicht über die Verteilung der Einkommen auf die einzelnen Territorien und Bezirke aufgenommen würde, wie sie in Preußen und Österreich schon gebräuchlich sind. Man könnte dann leicht verfolgen, in welcher Weise die verschiedenen Erwerbsarten auf die Höhe der Einzeleinkommen wirken. Die bisher übliche Gruppierung nach Stadt und Land genügt zu diesem Zwecke keineswegs, weil sich gerade in Sachsen vielfach eine Abwanderung der Industrie aus den Städten auf das platte Land vollzogen hat. Wenn man bedenkt, daß nach den Ergebnissen der Berufs- und Betriebszählung von 1907 in der Amtshauptmannschaft Chemnitz über 70% der Bevölkerung der Berufsabteilung B[1] und nur 7,9% der Abteilung A[2] angehören, während für die Amtshauptmannschaft Dippoldiswalde die entsprechenden Zahlen 43% und 33% sind, so ist ohne weiteres klar, daß eine derartige Vergleichung äußerst interessante Resultate zeitigen würde.

Zum Schluß sei daran erinnert, daß in der Zeit von 1880—1908 zahlreiche Vororte größerer Städte eingemeindet wurden, wie folgende Tabelle zeigt:

Durch Eingemeindungen erhöhte sich die Einwohnerzahl um:

Jahre	1880 bis 1884	1884 bis 1888	1888 bis 1892	1892 bis 1896	1896 bis 1900	1900 bis 1904	1904 bis 1908
Städte überhaupt	21308	58	158814	19292	49379	113058	10516
Städte mit über 25000 Einw.	13043	—	145455	19292	37383	112288	8714

[1] Industrie, Bergbau, Baugewerbe.
[2] Landwirtschaft, Gärtnerei usw.

Bevor wir zu der Einkommensbewegung selbst übergehen, sind noch Bemerkungen über die Wahl des Zeitabschnittes und die Bildung der Zensitengruppen zu machen.

1. Wir ließen die Zeit vor 1880 aus zwei Gründen unberücksichtigt, einmal waren die Einschätzungsergebnisse in den ersten Jahren nach dem Inkrafttreten des Einkommensteuergesetzes von 1874 noch zu ungenau. Zum anderen wollten wir nicht mit einem Zeitpunkt beginnen, der der Gründerperiode angehört, weil sich sonst ein ungenaues Bild ergeben würde. Daß wir nun gerade mit 1880 beginnen, ist zum Teil auch auf einen rein äußerlichen Grund zurückzuführen. Da wir den behandelten Zeitraum in Perioden von je 4 Jahre einteilen, war es uns nämlich auf diese Weise möglich, auch die letzten Veröffentlichungen, welche aus dem Jahre 1908 stammen, zu verwerten.

2. Was nun unsere vierjährigen Perioden anbelangt, so ist darüber zu bemerken, daß wir sie wählten, damit der Einfluß der Konjunkturen besser verfolgt werden kann.

3. Die Basisreihe unserer Tabelle besteht aus folgenden fünf Gruppen von Zensiten:

I:	100
II:	1600
III:	6300
IV:	21000
V:	71000
	100000

Dabei entspricht jede Gruppe annähernd einer sozialen Schichte (sehr Reiche, Reiche, Mittelstand, Wenigbemittelte, Unbemittelte). Es ist sehr auffällig, daß die Abteilung der „Unbemittelten" 71% aller Zensiten umfassen soll. Dies erklärt sich daraus, daß hier viele Ehefrauen und sonstige Familienangehörige mitgezählt sind, die aber in der Tat höheren sozialen Schichten angehören.

Vorliegende Arbeit wurde durch diesen Umstand wenig beeinflußt, weil sie sich nicht ausdrücklich mit dem Stand der Einkommensverteilung auf die sozialen Schichten, sondern hauptsächlich mit der Bewegung der Einkommensgrößen befaßt.

b) Die Ergebnisse der Untersuchung.

1. Im allgemeinen.

Betrachten wir zunächst die Bewegung der Gesamtzahl der Zensiten in den Jahren 1880—1908, wie sie sich aus der Tabelle Ib ergibt. Danach ist die Gesamtzahl von 1115918 auf 2038264 gestiegen; sie hat also um rund 83% zugenommen. Wie oben schon gezeigt wurde,[1] ist diese Zunahme nicht allein auf den Bevölkerungszuwachs, sondern auch auf die wirtschaftliche Entwicklung zurückzuführen.

[1] Vgl. S. 18.

Tabelle Ic, die durch Kombination von Ia und Ib gewonnen wurde, führt uns die wechselnden Einkommensgrenzen der verschiedenen Gruppen vor Augen. Es zeigt sich, daß die untere Einkommensgrenze der Reichsten sich nahezu verdoppelt hat, indem sie von 23000 auf 47000 anwuchs. Bei sämtlichen anderen Klassen erfolgte eine bedeutend geringere Zunahme. Wirtschaftlichen Depressionen gegenüber war gleichfalls die Gruppe der Reichsten am empfindlichsten. Sie war die einzige, deren Untergrenze infolge der Krisis von 1900—1903 zurückging.

Von größter Wichtigkeit sind die Tabellen Ie und If sowie die graphische Darstellung I. Ie enthält die Durchschnittseinkommen jeder Gruppe. Diese werden berechnet, indem wir das Gesamteinkommen jeder Gruppe (Id) durch die Anzahl der Zensiten (Ib) teilen. Wie ersichtlich, unterlag die Verteilung sehr erheblichen Schwankungen. Diese haben wir berechnet und in Tabelle If übersichtlich zusammengestellt sowie graphisch zur Darstellung gebracht. Verfolgen wir die Zahlen der Tabellen Ie und If in horizontaler Richtung, so erhalten wir ein klares Bild der zeitlichen Wandlungen, während wir den Grad der Ungleichheit in der Einkommensverteilung feststellen können, wenn wir in vertikaler Richtung vorgehen.

Das Durchschnittseinkommen der Gruppe I, das im Jahre 1880 54574,52 M. betrug, nimmt bis 1888 langsam zu. Dann macht es einen starken Aufschwung bis 1892 um 14,65%, um sich nachher wieder ruhiger zu bewegen. Von 1896 ab werden die Schwankungen sehr erheblich: starken Aufwärtsbewegungen (1904—1908 um 20,91%) steht eine recht bedeutende Abnahme gegenüber (1900—1904 um 8,19%). Insgesamt beträgt die Zunahme von 1880 bis 1908 rund 86%.

Die zweite Zensitengruppe fängt im Jahre 1880 mit einem Durchschnittseinkommen von 7814,44 M. an, um im Jahre 1908 12977,61 M. zu erreichen, was eine Zunahme um 66,07% bedeutet. Im einzelnen vollzieht sich diese Vermehrung ähnlich wie bei der vorigen Gruppe, nur sind die Schwankungen nicht so stark. Auffallenderweise werden die Prozentsätze für die Einkommenszunahmen im Laufe der Zeit immer niedriger, während in Gruppe I das umgekehrte der Fall war.

Das Durchschnittseinkommen der Gruppe III zeichnet sich durch eine fast stetige, langsame Aufwärtsbewegung aus. Die Zunahme gegen 1880 ist aber bedeutend geringer als bei sämtlichen anderen Gruppen. 1880 beträgt das Durchschnittseinkommen 2530,08 M. und erreicht 1908 die Höhe von 3433,98 M., was eine Zunahme um nur 35,72% bedeutet. Von einem Einfluß der Konjunkturen ist hier wenig zu spüren. Der stärkste Zuwachs ist 1888—1892 mit 9,10% zu verzeichnen. Dagegen finden wir in der Periode 1900—1904, in der fast allgemein Rückgang erfolgte, eine Steigerung um 0,76%.

In der vierten Gruppe stieg das Durchschnittseinkommen von 986,51 M. im Jahre 1880 auf 1541,71 M. im Jahre 1908, d. h. um 56,27%. Betrachten wir die Kurve, so sehen wir, daß, fast unberührt von allen äußeren Einflüssen, die Zunahme beinahe gleichmäßig erfolgt. Sie betrug im Maximum 9,6% im Zeitraum 1892—1896, und im Minimum 4,42% zwischen 1900 und 1904.

Gruppe V schließlich weist eine sehr interessante Entwicklung auf. Das Durchschnittseinkommen betrug anfänglich 431,44 M. und wuchs insgesamt um 56,06% an auf 673,34 M. Wie bei Gruppe I lassen sich auch hier die Auf- und Niederbewegungen des Wirtschaftslebens deutlich verfolgen. Die stärkste Aufwärtsbewegung fand von 1896—1900 statt. In diesem Zeitraum nahm das Durchschnittseinkommen um 15,28% zu. 1892—1896 und 1900—1904 war die Vermehrung mit 0,23% bzw. 0,88% verschwindend klein.

Wie ist nun der ganz verschiedenartige Verlauf der fünf Kurven zu erklären?

Wir haben oben schon darauf hingewiesen, daß sich unsere Gruppen ungefähr mit den sozialen Schichten decken und hierin liegt unseres Erachtens des Rätsels Lösung. Vergegenwärtigen wir uns zunächst die wirtschaftliche Entwicklung Sachsens! Im Jahre 1882 waren in der Landwirtschaft 20,0%, in der Industrie 56,2% der Gesamtbevölkerung tätig. Dieses Verhältnis hat sich im Laufe der Zeit stark verschoben. 1908 finden wir in der Landwirtschaft nur noch 10,7%, während die Gruppen Industrie und Handel entsprechend zugenommen haben. Betreffs der industriellen Entwicklung ist hervorzuheben, daß sie 1880—1888 noch unter den Nachwirkungen des Gründerkrachs litt. Dann folgt ein ständiges ruhiges Aufblühen, bis 1896 ein außerordentlicher Aufschwung, die große deutsche Aufschwungsperiode, einsetzt. Diese reicht bis 1900 und wird durch eine bis 1903 anhaltende starke Depression abgelöst. Zu dieser hat der Zusammenbruch der Leipziger Bank wesentlich beigetragen. Im Jahre 1904 erfolgt abermals eine äußerst günstige Entwicklung, welche durch die scharfe Krise im Herbst 1907 jäh unterbrochen wird.

Über die dargestellten Perioden erstreckt sich von 1888 an die Zeit der Betriebskonzentrationen. Das veranschaulicht folgende kleine Tabelle[1], welche die Zahl der industriellen Betriebe und der in ihnen beschäftigten Arbeiter wiedergibt:

Jahre	1886	1887	1888	1889	1890	1891	1892
Arbeiterzahl	289992	314518	321629	340498	369258	371541	364636
Zahl der Fabriken	15907	17573	12931	12963	13386	13706	13806

Danach kamen 1887 auf 17573 Betriebe 314518 Arbeiter, d. h. durchschnittlich waren 18 Arbeiter in jedem Betriebe beschäftigt. Ein Jahr später verteilen sich 321629 Arbeiter auf 12931 Fabriken. Mithin beschäftigte jede durchschnittlich 26 Arbeiter. Wir erkennen an dieser Gegenüberstellung, daß hauptsächlich kleinere Betriebe verschwunden sind. Dieser Konzentrationsprozeß setzte sich in den folgenden Jahren langsam fort.

[1] Zusammengestellt aus den Stat. Jahrb. für das Kgr. Sachsen.

Am klarsten spiegelt sich die wirtschaftliche Entwicklung in der Kurve wieder, die der Gruppe I entspricht. Nach der Höhe des Durchschnittseinkommens zu urteilen, besteht diese Gruppe hauptsächlich aus Fabrikbesitzern und Großkaufleuten, und daher ist sie auch diejenige, welche den Konjunkturen gegenüber am empfindlichsten ist. Im ersten Augenblick ist es überraschend, daß in der Periode 1892—1896 scheinbar nur eine geringe Zunahme des Durchschnittseinkommens erfolgt, obwohl das Wirtschaftsleben um diese Zeit im Aufblühen begriffen war. Daß während dieser vier Jahre tatsächlich weder ein Niedergang, noch eine Stagnation eingetreten ist, lehrt nachstehende Zusammenstellung:[1]

Jahr	1888—1892	1892—1896	1896—1900	1900—1904	1904—1908
Einkommens-zunahme der Gruppe I	+ 14,65	+ 4,10	+ 17,83	− 8,19	+ 20,91
Zunahme der Arbeiterzahl	18,1	13,2	26,0	7,1	22,0

In ihr sind Angaben über die relativen Zahlen der beschäftigten Fabrikarbeiter, die an sich als Barometer der wirtschaftlichen Entwicklung eines Industriestaates anzusprechen sind, mit den relativen Zunahmen der Durchschnittseinkommen der Gruppe I kombiniert. Beide Reihen bewegen sich fast stets parallel, nur die Strecken für 1892—1896 machen eine Ausnahme. Das kann nicht in den wirtschaftlichen Verhältnissen begründet sein. Wir können uns die sonderbaren Tatsachen nur damit erklären, daß wir sie als Folge des Einkommensteuergesetzes von 1894 betrachten, das bekanntlich die höheren Einkommen in viel stärkerem Maße herangezogen hat als die niedrigen.

Zur zweiten Zensitengruppe gehören anscheinend viele kleinere Fabrikanten und Kaufleute sowie höhere Beamte, und zwar tritt das zuletzt genannte Element erst seit Mitte der achtziger Jahre hervor. Infolgedessen verläuft Kurve II bis dahin ähnlich wie Nr. I. Dann machen sich Abweichungen geltend, die später immer stärker werden. Als Ursache derselben kommt wohl einzig und allein die Konzentrationsbewegung in Betracht. Während bei Gruppe I die relative Zunahme ständig wächst (14,65—17,83—20,91), ist sie seit 1888 bei der zweiten Gruppe in Abnahme begriffen (11,60—11,51—7,74). In diesen Differenzen kommt einerseits das wirtschaftliche Übergewicht der Großbetriebe, andererseits aber das Verschwinden vieler kleiner Unternehmer zum Ausdruck. In gleicher Weise ist der Niedergang während der Jahre 1900—1904 in Gruppe II bedeutend geringer als in der ersten, weil das Beamtenelement mit seinem wenig schwankenden Einkommen einen sehr erheblichen Prozentsatz dieser Zensiten ausmacht. Gruppe III setzt sich vorzüglich aus Beamten und An-

[1] Zusammengestellt aus den Stat. Jahrb. für das Kgr. Sachsen.

gestellten zusammen. Daher erfolgt das Ansteigen stets sehr langsam und die Rückschläge sind immer ziemlich belanglos. So ist es erklärlich, daß die Gesamtzunahme von 1880—1908 nur 35,72% ausmacht gegenüber 86,01% der Gruppe I.

Gruppe IV besteht aus Unterbeamten, niederen Angestellten und qualifizierten Arbeitern. Wir werden darauf später zurückkommen.

In Gruppe V überwiegen bei weitem Arbeiter und sonstige Personen, die im Lohnverhältnisse stehen. Die umfassenden Arbeitnehmerorganisationen ermöglichen ihnen in Zeiten des Aufschwungs, Vorteile für sich herauszuschlagen. Daher bemerken wir, daß die relative Zunahme ihres Einkommens stets ziemlich erheblich ist. Sie kommt derjenigen der Gruppe I am nächsten, wie die graphische Darstellung deutlich zeigt. Recht interessant ist der Verlauf der Linie in Zeiten des Niederganges. Wir können dann immer noch eine geringe Zunahme feststellen. Es gelang hierin die Tatsache zum Ausdruck, daß selten Lohnreduktionen vorkommen, was wiederum auf die Macht der Arbeiterorganisationen zurückzuführen ist.

Der Verlauf der Kurve IV läßt sich nun leicht erklären.

Betrachten wir nun den Verlauf der Ungleichheitskurve, d. h. der Linie, welche das jeweilige Verhältnis zwischen dem Durchschnittseinkommen der Gruppe II bis V und demjenigen der Gruppe I zur Darstellung bringt! Um ihren Verlauf zu verstehen, müssen wir die Ungleichheitskoeffizienten (Tabelle V) und besonders die senkrechten Zahlenreihen der Tabelle If ins Auge fassen. Die beiden ersten derselben weisen auf eine langsame Zunahme der Ungleichheit in der Einkommensverteilung hin; denn die relative Zunahme ist bei der Gruppe der Reichsten stärker als bei den meisten anderen. Der Ungleichheitskoeffizient, der im Jahre 1880 gleich 68,32 war, stieg bis 1884 auf 69,50, um im Jahre 1888 die Höhe von 71,14 zu erreichen. Für die Periode 1888—1892 gibt uns die Tabelle If eine stark abnehmende Reihe (Gruppe I 14,65; Gruppe II 11,60, Gruppe III 9,10, Gruppe IV 7,12, Gruppe V 6,53), woraus auf eine stärkere Zunahme der Ungleichheit zu schließen ist. Das wird erhärtet durch das Anwachsen des Ungleichheitskoeffizienten auf 75,50. In der folgenden Periode wird die verhältnismäßig sehr starke Zunahme bei Gruppe IV durch die geringen Ziffern für die Gruppen III und V ausgeglichen, so daß der Ungleichheitskoeffizient noch um 0,5 zunimmt. Von sozialpolitischem Standpunkte aus wäre der scheinbare Stillstand mit Freuden zu begrüßen. Wir erinnern uns aber an die Wirkungen des Einkommensteuergesetzes von 1894 und erkennen sofort, daß der für den Zeitraum 1892—1896 gefundene Quotient ungenau sein muß. Nun folgt die Aufschwungsperiode 1896—1900. Das Einkommen der Arbeiter stellte sich innerhalb dieses Zeitraumes zwar bedeutend günstiger, aber doch so, daß sich bei Vergleichung der Gruppen I und V noch eine geringe Erweiterung des Abstandes zwischen ihnen ergibt. Indessen wird das Verhältnis in ungünstiger Weise durch die Gruppen IV und III beeinflußt. Der Ungleichheitskoeffizient steigt während des in Frage stehenden Zeitraumes auf 77,08. Beiläufig sei bemerkt, daß die berechnete Zunahme der Ungleichheit wegen der schon berührten Wirkungen des Steuergesetzes für 1894 größer ist als die wirkliche. In dem Zeitraum 1900—1904 steht einer starken Abnahme des Durchschnittseinkommens der Reichsten eine mehr oder minder erhebliche Zunahme bei den Gruppen III—V gegenüber. Letztere wird etwas korrigiert durch eine Verminderung des Durchschnittseinkommens der in Gruppe II zusammengefaßten Zensiten. Im ganzen ist eine entschiedene Verringerung der Ungleichheit festzustellen. Der Ungleichheitskoeffizient sinkt von 77,08 auf 73,48. In der Schlußperiode 1904—1908 läßt sich eine beträchtliche Zunahme des Durchschnittseinkommens der ersten Gruppe verzeichnen, während bei den übrigen der Aufschwung verhältnismäßig klein gewesen ist. Folglich ist in dieser Zeit die Ungleichheit wieder bedeutend größer geworden. Das kommt in dem Emporschnellen des Ungleichheitskoeffizienten auf 82,73 zum Ausdruck.

Zusammenfassend können wir uns dahin äußern: Von 1880—1908 hat die Ungleichheit in der Einkommensverteilung zugenommen. Der Ungleichheitskoeffizient erhöhte sich in dieser Zeit um 14,41. Bis 1900 verläuft die Kurve ziemlich gleichmäßig nach oben, fällt dann etwas ab und endigt mit einer steilen Aufwärtsbewegung. Für jeden Sozialpolitiker ist dieses Gesamtergebnis unserer Untersuchung sehr betrübend, und wir können nur wünschen, daß in den nächsten Jahrzehnten eine umgekehrte Bewegung erfolgt.

2. Das platte Land, die Städte und die Städte mit über 25000 Einwohnern im besonderen.

Es würde nun sehr interessant sein, durch besondere Untersuchungen einzelner Bezirke und Territorien den Einfluß der verschiedenen Erwerbsarten auf die Einkommensverteilung festzustellen. Leider ist uns dieses nicht möglich, weil die nötigen Unterlagen nicht vorhanden sind. . Wir haben uns daher entschlossen, in Anlehnung an die übliche Einteilung nach Stadt und Land obenerwähnte drei Spezialgruppen zu beleuchten.

α. Das platte Land.

Nach den Ergebnissen der Berufs- und Betriebszählung von 1907 setzt sich die sächsische Landbevölkerung folgendermaßen zusammen:

Berufsabteilung	A	23%
„	B	58%
„	C	19%
„	D	
„	E	
„	F	

Die Zahl der ländlichen Zensiten betrug 1880 661316 und bildete damit rund 60% von der des Königreichs Sachsen. Sie stieg bis 1908 auf 908469, d. h. 44% der Gesamtzahl. Relativ ist also ein starker Rückgang zu konstatieren. Diese Tatsache ist sehr leicht mit den zahlreichen Eingemeindungen zu erklären, die besonders während der Perioden 1888—1892 und 1900—1904 stattgefunden haben. Daher weist die Tabelle IIb für den ersten Zeitraum einen Rückgang von 751799 auf 741188 und für den zweiten die auffallend geringe Zunahme um 4135 Zensiten nach.

Die Verteilung auf unsere fünf Zensitengruppen gestaltet sich laut Tabelle IIc wie folgt. Gruppe I umfaßt 1880 alle diejenigen, welche ein Einkommen über 13240 M. bezogen, 1892 über 18000 und 1908 über 26700 bezogen. Die untere Einkommensgrenze der Gruppe II stellt sich 1880 auf 3010, 1892 auf 3220 und 1908 auf 3800 M. Die entsprechenden Werte für Gruppe III sind 1316, 1582 und 1759. In Gruppe IV werden alle Leute zusammengefaßt, deren Einkommen sich 1880 zwischen 620 und 1316, 1892 zwischen 768 und 1582 und 1908 zwischen 1013 und 1759 M. bewegt. Alle Personen mit einem geringeren Jahresverdienst gehören zur fünften Gruppe.

Bevor wir auf die Bewegung der Durchschnittseinkommen eingehen (Tabellen IIe und IIf), sei bemerkt, daß dieselben im Jahre 1880 bedeutend niedriger sind, als die für das Königreich berechneten, und daß trotz relativ stärkerer Zunahmen dieses Verhältnis bis 1908 bestehen bleibt.

Das Durchschnittseinkommen der Gruppe I stellt sich 1880 auf 31923,14 M. Bis 1892 wächst es mehr oder weniger schnell auf 15195,59 M. an. Dann erfolgt eine Abnahme um 1,23%. In den drei letzten Zeitabschnitten sind die Bewegungen sehr stark. An eine Zunahme um 31,33% schließt sich eine Abnahme um 18,81% und den Schluß bildet ein Emporschnellen um nicht weniger als 41,94% auf 75035,64 M. Gruppe II beginnt mit einem Durchschnittseinkommen von 4153,23 M. und erreicht 1892 5483,43 M. Dann folgen eine Verminderung um 7,59%, eine Vermehrung um 30,85%, hierauf ein schwacher Rückgang und endlich eine Zunahme um 11,68%. Im Jahre 1908 haben die Zensiten der Gruppe II durchschnittlich ein Einkommen von 7313,36 M. Das Durchschnittseinkommen der dritten Gruppe beträgt 1880 rund 1866 M. Es nimmt bis 1908, wenn auch langsam, so doch ständig zu und stellt sich am Schluß auf 2382,28 M. Bei der vierten Gruppe sind die Bewegungen wieder etwas unregelmäßiger. Von 1880—1896 wächst das Durchschnittseinkommen langsam von 856,87 M. auf 1017,39 M. an. Dann findet ein Sprung nach oben um 13,71% statt. Einem schwachen Rückgang folgte abermals ein Aufstieg um mehr als 10%. Im Jahre 1908 hat das Durchschnittseinkommen die Höhe von 1541,71 M. erreicht. Gruppe V, deren Zensiten 1880 durchschnittlich 410,61 M. verdienen, hat die regelmäßigste Zunahme zu verzeichnen. Die konstant ansteigende Linie wird nur in der Periode 1900—1904 gestört. 1908 beziehen diese Leute im Durchschnitt 597,29 M. Die Gesamtzunahme gegenüber dem Stande von 1880 beträgt:

Gruppe I:	135,05%
„ II:	76,32%
„ III:	27,64%
„ IV:	47,73%
„ V:	43,02%

Sie ist in der Gruppe der Reichsten außerordentlich stark, und zwar seltsamerweise erheblich stärker als im Königreich. Dagegen ist das Plus des Mittelstandes verhältnismäßig gering, sogar noch unbedeutender als im ganzen Staate.

Vergleichen wir die für das platte Land gefundenen Kurven mit denen für das Königreich, so sehen wir, daß sie im allgemeinen die gleiche Tendenz haben. Im einzelnen machen sich allerdings verschiedene starke Abweichungen bemerkbar: hauptsächlich lenkt die Kurve I durch ihre sehr starken Veränderungen unsere Aufmerksamkeit auf sich. Die Ursachen der auffallend großen relativen Zunahmen erblicken wir in folgenden Umständen: in zunehmendem Maße sind Landgemeinden Sitz industrieller Unternehmungen geworden. Selbstverständlich siedelten sich die Besitzer derselben häufig in ihrer Nähe an. Ferner verlegten viele begüterte Familien ihren Wohnsitz aufs Land. Gleichzeitig wurde durch die Eingemeindung vieler vor den Toren großer Städte liegenden Ortschaften, die hauptsächlich von Arbeitern bewohnt werden, die Zahl der Zensiten mit niederen Einkommen stark verringert. Beide Umstände bewirkten, daß zur ersten Gruppe, die bekanntlich 1 pro Mille aller Eingeschätzten umschließt, zuletzt nur noch sehr reiche Leute gehören. In ähnlicher Weise ist der Verlauf von Kurve II zu erklären. Die Abweichungen der übrigen drei Kurven sind weniger bedeutungsvoll.

Der Grad der Ungleichheit in der Einkommensverteilung auf dem platten Lande wechselte wiederholt sehr stark. Der Koeffizient steht 1880 auf 48,56. Er nimmt bis 1884 um 8,46 zu und erreicht 1892 die Höhe von 65,08. Dann nimmt er wieder um ein Geringes ab, was wohl in erster Linie auf das Anziehen der Steuerschraube zurückzuführen ist. Schon in der nächsten Zeitspanne ist ein Plus um 11,67 zu verzeichnen. Hierauf folgt, verursacht durch den wirtschaftlichen Rückgang, ein Abschlag von 13,76 und endlich wieder eine Zunahme um 18,19. Damit erreicht sie den Hochstand (78,32).

β. Die Städte.

Die Bewohner der Städte verteilen sich 1907 in folgender Weise auf die Erwerbsgruppen:

Berufsabteilung	B	61%
„	C[1]	20%
„	A	19%
„	D	
„	E	
„	F	

[1] Handel und Verkehr.

Die Zahl der in den Städten ansässigen Zensiten beträgt 1880 454602, d. h. rund 40% und erreicht bei einer ziemlich stetigen Vermehrung 1908 die Zahl 1129795 = 56% (Tabelle IIIb).

Die Verteilung auf die einzelnen Einkommensklassen (Tabelle IIIc) gestaltet sich ähnlich wie in den bereits besprochenen Tabellen. Es ist nur zu bemerken, daß sämtliche Minimalgrenzen höher liegen als in Tabelle Ic.

Was die Durchschnittseinkommen anbelangt (Tabelle IIIe und IIIf), so ist nachstehendes zu sagen: In der ersten Gruppe beträgt es 1880 72901,16 M. Von 1884 an ist bis 1900 eine ungefähr konstante, ziemlich starke Zunahme festzustellen. Sie scheint nur in dem Zeitraum 1892—1896 geringer gewesen zu sein, doch ist das bekanntermaßen auf das Einkommensteuergesetz von 1894 zurückzuführen. Der Einfluß der Depressionsperiode 1900—1904 kommt nicht so stark wie beim platten Lande zum Ausdruck. Bis 1908 steigt die Kurve dann steil an. Im Endjahre steht das Durchschnittseinkommen auf 130228,96 M. Das Durchschnittseinkommen der zweiten Gruppe beginnt mit 11494,25 M. und entwickelt sich bis 1904 in ähnlicher Weise. In der letzten Periode bleibt aber die Zunahme mit 4,19% erheblich hinter derjenigen der ersten Gruppe zurück. Gruppe III, deren Zensiten 1880 im Durchschnitt 1280,24 M. bezogen, weist etwa dieselbe Entwicklung auf wie im Königreich. Im Jahre 1908 erreicht das Durchschnittseinkommen die Höhe von 4322,86 M. Die Gruppen IV und V, mit 1280,24 bzw. 484,91 M. beginnend, weisen im ganzen einigermaßen gleichförmige Zunahme auf.

Legen wir die graphischen Darstellungen III und I nebeneinander, so fällt uns sofort auf, daß die Kurven beider ungefähr in der gleichen Weise verlaufen. Der Grund hiervon liegt wohl in dem Umstande, daß auch zahlreiche kleine Orte, die vielfach kleiner sind als Landgemeinden, städtische Verfassung haben. Die Bevölkerung ist also in ähnlicher Weise gemischt wie im Königreich überhaupt.

Infolgedessen nimmt auch die Ungleichheitskurve etwa denselben Verlauf, wie die für das ganze Land. Der Ungleichheitskoeffizient bewegt sich zwischen 71,40 und 90,69.

γ. Die Städte mit über 25000 Einwohnern.

Wie gelegentlich der Berufs- und Betriebszählung von 1907 festgestellt wurde, sind die Einwohner der großen Städte in folgender Weise beschäftigt:

Berufsabteilung	B	56%
„	C	23%
„	D	21% (D, E, F, A)
„	E	
„	F	
„	A	

Die Gesamtzahl dieser Zensiten beträgt 1880 218225 (= 19%) und wächst bis 1908 auf 778647 (= 38%) an. Das Anwachsen erfolgt, abgesehen von der Periode 1888—1892, während welcher zahlreiche Eingemeindungen stattfanden, in ziemlich gleichmäßiger Weise (Tabelle IVb). Die Minimalgrenzen des Einkommens sind bei allen Gruppen bedeutend höher als in den bisher besprochenen Tabellen (vgl. Tabelle IVc). Dementsprechend sind auch die Durchschnittseinkommen erheblich höher (Tabelle IVe und IVf). In der ersten Gruppe steht es 1880 auf 84501,22 M. und steigt bis 1896 auf 127901,73 Mark. Während der folgenden drei Perioden steigt, fällt und steigt der Durschschnittswert gleichmäßig um rund 24%. 1908 erreicht er die Höhe von 151385,51 M. Gruppe II beginnt mit 15335,10 M. Im Verlauf des ersten Zeitabschnittes erhöht sich dieser Betrag um 16,99%. Bis zum Schluß treten dann nur noch geringe Veränderungen ein. Die Gesamtzunahme zwischen 1880 und 1908 beträgt nur 24,48%. Recht merkwürdig verläuft die Linie für die Gruppe III. Sie erhebt sich bis 1888 um ca. $9^1/_2$%. Dann fällt sie bis ans Ende des untersuchten Zeitraumes fast regelmäßig. Gegen 1880 ist insgesamt nur die gänzlich unbedeutende Zunahme von 0,69% zu verzeichnen. Die vierte Kurve verläuft bis 1892 ähnlich wie die dritte. Von da ab aber steigt sie konstant, wenn auch nicht ganz regelmäßig. Das Durchschnittseinkommen dieser Gruppe beträgt 1908 1881,15 M. gegen 1598,34 M. im Jahre 1880. Die Zensiten der Gruppe V verdienen 1880 durchschnittlich 569,16 M. Das bessert sich von Jahr zu Jahr bis 1900. Dann erfolgt ein kleinerer Rückschlag, der indes in der letzten Periode mehr als ausgeglichen wird. Das Durchschnittseinkommen stellt sich 1908 auf 781,78 M., das bedeutet gegenüber dem Stande von 1880 eine Zunahme um 31,10%.

Wir glauben, daß das Ansteigen der Kurven I und V in dem ausgesprochenen industriellen Charakter aller größeren Städte Sachsens begründet ist. Weshalb in den letzten Perioden die Schwankungen der letzten Klasse weniger stark sind als die der ersten, ist schon oben angedeutet worden. Die merkwürdige Form der übrigen Linien läßt sich jedenfalls auch aus der Zusammensetzung der entsprechenden Gruppen erklären. Indessen konnten die erforderlichen Spezialforschungen im Rahmen dieser Arbeit nicht vorgenommen werden.

Vergleichen wir nun die verschiedenen Ungleichheitskurven miteinander[1]! Die Ausgangspunkte liegen verschieden hoch, weil die Ungleichheitskoeffizienten für das Jahr 1880 voneinander abweichen. Hervorzuheben ist, daß sich der Ungleichheitskoeffizient für das platte Land besonders niedrig stellt. Aus schon erwähnten Gründen zeigt sich ein Parallelismus zwischen den Linien für das platte Land und die größeren Städte; die anderen beiden decken sich sogar beinahe. Alle vier lassen auf den ersten Blick erkennen, daß eine Vergrößerung der Ungleichheit Platz gegriffen hat.

[1] Vgl. graphische Darstellung V.

Zum Schluß wollen wir versuchen, dieses Resultat denen von Würzburger und Kiaer gegenüberzustellen. Von den Würzburgerschen Tabellen können wir dabei nur die Seite 12 wiedergegebene berücksichtigen, welche sich auf die Zeit von 1880—1900 bezieht. Zwar hat sich der Verfasser mit der Feststellung begnügt, daß die Zahl der Personen mit höheren Einkommen — besonders derjenigen mit über 20000 M. — sehr stark zugenommen hat, doch läßt sich die angezogene Tabelle nur im Sinne einer erheblichen Zunahme der Ungleichheit deuten. Naturgemäß ist dieses Bild ungünstiger als das unsrige, weil Würzburger u. a. das Durchschnittseinkommen pro Kopf der Bevölkerung unberücksichtigt ließ. Da er aber keine Ungleichheitskoeffizienten gibt, können wir leider nicht rechnungsmäßig feststellen, wie groß der Unterschied ist.

Kiaer hat bekanntlich für alle Klassen innerhalb der Periode 1888—1906 eine beinahe konstante relative Zunahme des Durchschnittseinkommens gefunden.[1] Das bedeutet aber, daß die Ungleichheit nach keiner Richtung hin eine Änderung erfahren hat. Wir führen diese Abweichung von unserem Resultat darauf zurück, daß Kiaer von der Adultbevölkerung ausgeht, während wir die Gesamtzahl der Zensiten zur Grundlage unserer Berechnung gemacht haben.

3. Die Einkommensbewegung bei den Haushaltungsvorständen.

Es würde verfehlt sein, wenn man aus den Ergebnissen unserer Untersuchung weitergehende Rückschlüsse auf das Wohlergehen der sozialen Schichten herleiten wollte, weil in Sachsen bekanntlich nicht die Haushaltungsvorstände, sondern einzelne Personen besteuert werden. Soweit uns das Material zur Verfügung stand, was leider nur für die Jahre von 1904 ab der Fall war, haben wir auch in dieser Richtung versucht, unsere Methode anzuwenden.

In den veröffentlichten Aufstellungen fanden wir nur die Zahl der auf die einzelnen Steuerklassen entfallenden Haushaltungsvorstände, jedoch nur bis zur Grenze bis zu 10000 M. Wir sahen uns daher genötigt, die Gruppen I und II zu vereinigen und uns außerdem auf die Tabellen Vb und Vc zu beschränken.

Alle Angaben beziehen sich auf den Gesamtstaat.

Aus Tabelle Vb ergibt sich, daß die Gesamtzahl der Haushaltungsvorstände in einem konstanten Verhältnis zur Anzahl der Eingeschätzten steht (37,8%). Natürlich sind die unteren Einkommensgrenzen der Gruppen erheblich höher als die früheren festgestellten (Tabelle Vc), und zwar beträgt der Unterschied in Gruppe I rund 53%, in Gruppe II 41—47% und in Gruppe III gegen 30%. Daraus geht hervor, daß die Lage der sozialen Schichten ein ganz Teil besser ist, als auf Grund der Einschätzungsergebnisse vielfach angenommen wurde. Das würde sich deutlicher zeigen, wenn das Material so vollkommen wäre, daß man auch das Durchschnittseinkommen der Haushaltungsvorstände so verfolgen könnte, wie das der Einzelpersonen.

[1] Vgl. S. 18, Spalte 6.

Mathematische Anmerkungen.

Zu Seite 9. Wenn wir nämlich in einer von den obigen beiden Tabellen die Zahlen durch Buchstaben ersetzen, dann erhalten wir:

Klasse	Zensiten		Zunahme in %
	1890	1900	von 1890—1900
1	2	3	4
I	Z_1	—	—
II	Z_2	$Z_2 + (Z_1 - Z_2)$	$100\,(1-\alpha) + 100\,\alpha \cdot \frac{Z_1}{Z_2}$
III	Z_3	$Z_3 + (Z_2 - Z_3)$	$100\,(1-\alpha) + 100\,\alpha \cdot \frac{Z_2}{Z_3}$
IV	Z_4	$Z_4 + (Z_3 - Z_4)$	$100\,(1-\alpha) + 100\,\alpha \cdot \frac{Z_3}{Z_4}$
V	Z_5	$Z_5 + Z_4$	$100\,(1-0) + 100\,\alpha \cdot \frac{Z_4}{Z_5}$

Wobei $Z_1\,Z_2\,Z_3\,Z_4\,Z_5$ die dem ersten Zeitpunkt entsprechende Zensitenzahl und α der konstante Prozentsatz von hinaufgerückten Zensiten bedeutet.

Wenn wir also in der Spalte 4 die Konstanten beiseite lassen, dann sehen wir, wie ihre Gestaltung nur von den Brüchen $\frac{Z_1}{Z_2} > \frac{Z_2}{Z_3}$ usw. abhängt (abgesehen von dem letzten Element, wo aber die Abweichung unbedeutend ist). So z. B., wenn $\frac{Z_1}{Z_2} > \frac{Z_2}{Z_3} > \frac{Z_3}{Z_4} > \ldots.$, dann erhalten wir für die Spalte 4 eine abnehmende Reihe, wenn $\frac{Z_1}{Z_2} = \frac{Z_2}{Z_3} = \frac{Z_3}{Z_4} = \ldots$ eine konstante, und wenn $\frac{Z_1}{Z_2} < \frac{Z_2}{Z_3} < \frac{Z_3}{Z_4} < \ldots.$ eine zunehmende Reihe.

Daraus ergibt sich, daß in einem ganz seltenen Falle (zweiten) die Methode des prozentuellen Klassenzuwachses zu richtigen Resultaten führen kann. Für unser obiges Zahlenbeispiel ergibt sich $\frac{Z_1}{Z_2} > \frac{Z_2}{Z_3} > \ldots$ $(5 > 4 > 3 > 1{,}5)$ für das erste Land, und $\frac{Z_1}{Z_2} < \frac{Z_2}{Z_3} < \ldots$ $(2 < 3 < 4 < 5)$ für das zweite; darum haben wir für die Spalte 4 im ersten Falle eine abnehmende, im zweiten eine zunehmende Reihe erhalten.

Zu Seite 11. Bezeichnen wir die Einkommensklassen mit I, II, III, IV, V..... und die ihnen in den Zeitpunkten Z_1 Z_2 Z_3..... entsprechenden Zensiten mit A_1 B_1 C_1....., A_2 B_2 C_2......., A_3 B_3 C_3..... usw., dann erhalten wir zunächst die folgende Tabelle:

Einkommens-kategorien	Zensiten Z_1	Z_2	Z_3 . . .
I	A_1	A_2	A_3
II	B_1	B_2	B_3
III	C_1	C_2	C_3
IV	D_1	D_2	D_3
V	E_1	E_2	E_3

Wenn wir ferner die Bevölkerungszahl für die Zeitpunkte Z_1 Z_2 Z_3..... mit P_1 P_2 P_3.... bezeichnen und mit Hilfe vorstehender Tabelle die Zensitenzahlen in pro 10000 der Bevölkerung berechnen, erhalten wir:

Einkommens-kategorien	Zensiten Z_1	Z_2	Z_3 . . .
I	A'_1	A'_2	A'_3
II	B'_1	B'_2	B'_3
III	C'_1	C'_2	C'_3
IV	D'_1	D'_2	D'_3
V	E'_1	E'_2	E'_3

wobei
$$A'_n = \frac{10000\ A_n}{P_n}.$$

Damit haben sich Nitschke, Evert und Böhmert begnügt. Wenn wir endlich diese Zensitenzahlen prozentuell nach den einzelnen Klassen zu verteilen versuchen, so finden wir:

Einkommens-kategorien	Zensiten Z	Z	Z . . .
I	A''_1	A''_2	A''_3
II	B''_1	B''_2	B''_3
III	C''_1	C''_2	C''_3
IV	D''_1	D''_2	D''_3
V	E''_1	E''_2	E''_3
	100	100	100

Das ist die von Hunke vorgeschlagene Berechnungsart. Da aber

$$A''_n = \frac{100\ A'_n}{A'_n + B'_n + \ldots} = \frac{100\ A_n}{\Sigma A_n} = K \cdot A_n,$$

ist die Berücksichtigung der Bevölkerungsbewegung — was auch nach Hunke in dem Vordergrunde dieser Berechnungsart bleiben sollte — ausgeschaltet.

Zu Seite 13. Was die Berücksichtigung der Bevölkerungsbewegung anbetrifft, so könnte man mit Hilfe der Paretoschen Formel:[1]

$$Y = A_0 + A_1\psi_1 + A_2\psi_2 + \ldots\ldots$$

die jährliche Bevölkerungszahl in ganz zuverlässiger Weise interpolieren. Z. B. hatte das Königreich Sachsen

1880:	2972805	Einwohner
1890:	3502684	„
1900:	4202216	„
1910:	4802485	„

Bei Benützung dieser Zahlen lautet obige Formel:

$$Y = 3858050{,}6 + 710736{,}5 \cdot x + 17597{,}5 \cdot x^2 - 44819{,}2 \cdot x^3,$$

wobei

$$\psi_1 = x; \quad \psi_2 = x^2 - \frac{x^2-1}{12}; \quad \psi_3 = x^3 - \frac{3x^2-7}{20}.$$

Zu Seite 16. Für die hierzu nötigen Berechnungen von Einkommenssummen kann man unter Umständen (z. B. für das Königreich Sachsen) mit Erfolg die Paretosche Formel

$\int_h^k \frac{\alpha A}{z^{\alpha+1}} \cdot z dz = \frac{\alpha}{\alpha - 1}(hN_h - kN_k)$ anwenden; wobei α der schon erwähnte Koeffizient der Gleichung $\log y = A - \alpha \log x$ ist, h und k zwei verschiedene Einkommensgrenzen und N_h, N_k die Einkommenszahl über h bzw. k darstellen.

[1] Vilfredo Pareto, „Tables pour faciliter l'application de la methode des moindres carrées.“ Communication presentée dans l'assemblée des statisticiens officiels et de la société suisse de statistique, tenue à Lausanne en 1898.

Anhang: Tabellen und graphische Darstellungen.

Tabelle Ia. Königreich.

Zensiten mit Einkommen über:

bis 1894 M.	nach 1894 M.	1880	1884	1888	1892	1896	1900	1904	1908
0	0	1115918	1209034	1322650	1438118	1575047	1739461	1864649	2038264
300		1038086	1132747	1249541	1356198	—	—	—	—
400	400	785695	895759	1045399	1174391	1359704	1553399	1658982	1846496
500	500	538485	625364	765297	893066	1031900	1248716	1364904	1595560
600	600	400387	479447	605375	729174	848938	1064205	1158435	1363409
700	700	321724	385418	489212	603534	703552	919909	1000299	1202296
800	800	259324	302787	381785	488117	567073	770840	842059	1046117
950	950	202386	234089	285057	361120	418164	591751	654300	843954
1100	1100	162337	185574	222272	277239	322255	443399	497707	657094
1250	1250	133507	152198	179429	220389	256335	342505	387535	509504
1400	1400	115421	131085	153127	185582	215439	279823	317909	406229
1600	1600	92632	105223	122846	147656	171865	217327	248291	306847
1900	1900	72206	82144	96835	115879	134362	167558	190332	226772
2200	2200	57521	65641	76981	92110	106681	132933	150382	175842
2500	2500	46709	53354	62972	74949	87028	108300	122306	142340
2800	2800	39338	45119	53480	63650	74290	91883	103369	119160
	3100	—	—	—	—	62311	77303	86503	99549
3300		29614	34812	41228	49333	—	—	—	—
	3400	—	—	—	—	54899	68004	75395	86039
	3700	—	—	—	—	48184	59500	65532	74691
3800		23552	28134	33357	40070	—	—	—	—
	4000	—	—	—	—	42318	52387	57307	65260
4300	4300	19254	23292	27589	33229	38313	47498	51664	58602
4800	4800	15975	19585	23354	28155	32946	40839	44084	50024
	5300	—	—	—	—	28243	35251	37941	43303
5400		13078	16118	19478	23585	—	—	—	—
	5800	—	—	—	—	25166	31322	33530	38407
6300	6300	9976	12638	15398	18829	22002	27563	29440	33765
	6800	—	—	—	—	19828	24804	26367	30359
7200		8135	10384	12770	15694	—	—	—	—
	7300	—	—	—	—	17904	22421	23687	27457
	7800	—	—	—	—	16338	20468	21597	24989
	8300	—	—	—	—	14868	18734	19611	22792
8400		6356	8256	10123	12660	—	—	—	—
	8800	—	—	—	—	13799	17381	18091	21127
	9400	—	—	—	—	12621	15869	16499	19286
9600		5117	6828	8344	10537	—	—	—	—

11000	—	—	—	—	9999	12768	13247	15561
12000	3445	4738	5919	7577	8865	11365	11771	13935
14000	2716	3767	4699	6097	7218	9248	9520	11452
16000	2135	3024	3740	4954	5898	7595	7758	9511
18000	1714	2484	3095	4156	4931	6475	6550	8100
20000	1422	2090	2618	3549	4208	5545	5613	6935
22000	1207	1768	2271	3100	3680	4811	4897	6065
24000	1030	1539	1976	2742	3258	4250	4248	5401
26000	883	1348	1762	2424	2819	3767	3721	4822
28000	781	1186	1580	2172	2519	3378	3314	4369
30000	692	1043	1391	1919	2248	3035	2993	3885
31000	—	—	—	—	—	—	2841	3729
32000	—	—	—	—	—	—	2716	3556
33000	—	—	1196	1662	1898	2640	2611	3417
34000	—	—	—	—	—	—	2490	3278
35000	—	—	—	—	—	—	2369	3135
36000	—	—	—	1452	1658	2303	2259	3005
37000	—	—	—	—	—	—	2172	2890
38000	—	—	—	—	—	—	2081	2788
39000	—	—	—	1271	1458	2023	2002	2689
40000	—	—	—	—	—	—	1915	2593
41000	—	—	—	—	—	—	1845	2496
42000	—	—	—	—	—	1774	—	2405
43000	—	—	—	—	—	—	—	2333
44000	—	—	—	—	—	—	—	2256
45000	—	—	—	—	—	1602	—	2174
46000	—	—	—	—	—	—	—	2104
47000	—	—	—	—	—	—	—	2038
48000	—	—	—	—	—	—	—	—
49000	—	—	—	—	—	—	—	—
50000	—	—	—	—	—	—	—	—
51000	—	—	—	—	—	—	—	—
52000	—	—	—	—	—	—	—	—
53000	—	—	—	—	—	—	—	—
54000	—	—	—	—	—	—	—	—
55000	—	—	—	—	—	—	—	—
56000	—	—	—	—	—	—	—	—
57000	—	—	—	—	—	—	—	—
58000	—	—	—	—	—	—	—	—
59000	—	—	—	—	—	—	—	—
60000	—	—	—	—	—	—	—	—

Tabelle IIa. Das platte Land.

Zensiten mit Einkommen über:

bis 1894 M.	nach 1894 M.	1880	1884	1888	1892	1896	1900	1904	1908
0	0	661316	698769	751799	741188	789132	852889	857024	908469
300	300	607777	646678	702049	689841	—	—	—	—
400	400	440674	494059	573177	581251	662814	743903	743326	807229
500	500	284617	326960	402261	420175	474714	572868	583011	676867
600	600	201585	236249	304776	324295	372111	472589	476766	556408
700	700	154879	183138	237186	254010	291303	392337	393117	476789
800	600	121198	140093	180957	196989	224597	314670	312474	396825
950	950	90777	102981	127401	139895	157251	227145	224221	297884
1100	1100	70597	78333	94262	102558	114601	161626	161497	217212
1250	1250	57112	62612	73309	78255	87234	118823	119156	159854
1400	1400	47505	51596	59631	62333	69793	91764	92614	119805
1600	1600	37353	40190	46141	48039	53786	68371	69337	86482
1900	1900	27514	29445	33940	35298	39412	49803	50395	60511
2200	2200	20891	22249	25464	26542	29713	37696	38082	45104
2500	2500	16214	17136	19759	20386	23139	29421	29865	35143
2800	2800	12850	13633	15877	16264	18598	23647	23942	28234
	3100	—	—	—	—	15048	19289	19403	22903
3300		9189	9875	11615	11911	—	—	—	—
	3400	—	—	—	—	12768	16262	16257	18965
	3700	—	—	—	—	10896	13949	13742	16209
3800		6740	7434	8748	9065	—	—	—	—
	4000	—	—	—	—	9356	11985	11751	13926
4300	4300	5182	5787	6878	7130	8151	10563	10311	12314
4800	4800	4093	4562	5547	5709	6739	8728	8505	10238
	5300	—	—	—	—	5602	7354	7164	8769
5400		3173	3577	4443	4602	—	—	—	—
	5800	—	—	—	—	4859	6337	6147	7582
6300	6300	2342	2686	3378	3543	4197	5499	5333	6582
	6800	—	—	—	—	3693	4872	4706	5862
7200		1822	2126	2689	2866	—	—	—	—
	7300	—	—	—	—	3303	4323	4167	5239
	7800	—	—	—	—	2983	3907	3761	4740

	[illegible]		—	—	—	[illegible]	[illegible]	[illegible]	[illegible]	[illegible]
8400			1411	1659	2066	2281	—	—	—	—
	8800		—	—	—	—	2505	3298	3117	3927
	9400		—	—	—	—	2270	3004	2842	3586
9600			1126	1340	1671	1817	—	—	—	—
	10000		—	—	—	—	2041	2739	2582	3291
10800			913	1120	1372	1529	—	—	—	—
	11000		—	—	—	—	1773	2420	2279	2914
12000	12000		767	946	1183	1312	1565	2164	2058	2636
		13000	—	—	—	—	1424	1945	1853	2387
		14000	622	749	972	1066	1286	1757	1669	2153
		15000	—	—	—	—	1166	1591	1499	1976
		16000	506	621	786	892	1050	1444	1362	1805
		17000	—	—	—	—	979	1339	1240	1662
		18000	411	511	656	739	910	1236	1139	1529
		19000	—	—	—	—	838	1149	1051	1406
		20000	349	443	568	646	784	1068	980	1317
		21000	—	—	—	—	735	989	907	1231
		22000	297	379	—	574	696	909	849	1164
		23000	—	—	—	—	660	855	787	1106
		24000	267	343	—	506	626	805	733	1041
		25000	—	—	—	—	586	748	690	981
		26000	227	312	—	456	533	707	662	937
		27000	—	—	—	—	505	671	626	893
		28000	205	274	—	414	481	648	587	848
		29000	—	—	—	—	457	614	562	801
		30000	183	252	—	376	424	579	540	761
		33000	—	—	—	330	363	472	429	600
		36000	—	—	—	292	321	417	375	525
		39000	—	—	—	261	287	373	335	469
		42000	—	—	—	233	256	330	297	415
		45000	—	—	—	218	239	310	279	387
		48000	—	—	—	200	220	286	257	359
		51000	—	—	—	173	190	247	222	310
		54000	—	—	—	161	177	230	207	289
		57000	—	—	—	144	158	205	184	257
		60000	—	—	—	133	146	189	170	238
		63000	—	—	—	—	—	170	—	—
		66000	—	—	—	—	—	—	—	—

Tabelle IIIa. Die Städte.

Zensiten mit Einkommen über:

bis 1894 M.	nach 1894 M.	1880	1884	1888	1892	1896	1900	1904	1908
0	0	454602	510265	570851	696930	785915	886572	1007625	1129795
300	300	430309	486069	547492	666357	—	—	—	—
400	400	345021	401700	472222	593140	696890	809493	915656	1039267
500	500	253868	298404	363036	472891	557186	675848	781893	918693
600	600	198802	243198	300609	404879	476827	591616	681669	807001
700	700	166845	202280	252026	349524	412249	527572	607182	725507
800	800	138126	162694	200828	291128	342476	456170	529585	649292
950	950	111609	131108	157656	221225	260913	364606	430079	546070
1100	1100	91740	107241	128010	174681	207654	281773	336210	439882
1250	1250	76395	89586	106120	142134	169101	223682	268379	349650
1400	1400	67916	79489	93496	123249	145646	188059	225295	286424
1600	1600	55279	65033	76705	99617	118079	148956	178954	220365
1900	1900	44692	52699	62895	80581	94950	117755	139937	166261
2200	2200	36637	43392	51517	65568	76968	95237	112300	130738
2500	2500	30495	36218	43213	54563	63889	78879	92441	107197
2800	2800	26488	31486	37603	47386	55692	68286	79427	90926
	3100	—	—	—	—	47263	58014	67100	76646
3300		20425	24937	29613	37417	—	—	—	—
	3400	—	—	—	—	42131	51742	59138	67074
	3700	—	—	—	—	37288	45551	51790	58482
3800		16812	20700	24609	31005	—	—	—	—
	4000	—	—	—	—	32962	40382	45556	51334
4300	4300	14072	17505	20711	26099	30162	36935	41353	46288
4800	4800	11882	15023	17807	22446	26207	32111	35579	39786
	5300	—	—	—	—	22641	27897	30777	34534
5400		9905	12541	15035	18983	—	—	—	—
	5800	—	—	—	—	20307	24985	27383	30825
6300	6300	7634	9952	12020	15286	17805	22064	24107	27183
	6800	—	—	—	—	16135	19932	21661	24497
7200		6313	8258	10081	12828	—	—	—	—
	7300	—	—	—	—	14601	18098	19519	22218
	7800	—	—	—	—	13355	16561	17836	20249

		8300	—	—	—	—	12161	15174	16199	18513
8400			4945	6597	8057	10379	—	—	—	—
		8800	—	—	—	—	11294	14083	14974	17200
		9400	—	—	—	—	10351	12865	13657	15700
9600			3991	5488	6673	8720	—	—	—	—
		10000	—	—	—	—	9323	11746	12491	14248
10800			3251	4550	5625	7335	—	—	—	—
		11000	—	—	—	—	8226	10348	10968	12647
12000		12000	2678	3792	4736	6265	7300	9201	9713	11299
	13000		—	—	—	—	6551	8243	8661	10209
	14000		2094	3018	3727	5031	5932	7491	7851	9299
	15000		—	—	—	—	5329	6760	7022	8383
	16000		1629	2403	2954	4062	4848	6151	6396	7706
	17000		—	—	—	—	4429	5679	5864	7092
	18000		1303	1973	2439	3417	4021	5289	5411	6571
	19000		—	—	—	—	3732	4842	5012	6075
	20000		1073	1647	2050	2893	3424	4477	4633	5618
	21000		—	—	—	—	3212	4202	4324	5207
	22000		910	1389	1771	2516	2984	3902	4048	4901
	23000		—	—	—	—	2807	3683	3772	4613
	24000		763	1196	1541	2226	2632	3445	3515	4360
	25000		—	—	—	—	2442	3236	3267	4078
	26000		656	1036	1359	1958	2286	3060	3059	3885
	27000		—	—	—	—	2159	2883	2879	3695
	28000		576	912	1210	1748	2038	2730	2727	3521
	29000		—	—	—	—	1927	2611	2601	3322
	30000		509	791	1059	1533	1824	2456	2453	3124
	33000		432	673	919	1322	1535	2168	2182	2817
	36000		366	572	766	1150	1337	1886	1884	2480
	39000		315	521	659	1000	1171	1650	1667	2220
	42000		277	456	575	886	1019	1444	1448	1990
	45000		245	411	517	778	919	1292	1302	1787
	48000		222	—	—	702	828	1179	1158	1617
	51000		198	—	—	619	733	1076	1062	1469
	54000		—	—	—	—	—	981	951	1345
	57000		—	—	—	—	—	977	883	1239
	60000		—	—	—	—	—	912	—	1127
	63000		—	—	—	—	—	871	—	—
	66000		—	—	—	—	—	—	—	—

Tabelle IVa. Die großen Städte.

Zensiten mit Einkommen über:

bis 1894 M.	nach 1894 M.	1880	1884	1888	1892	1896	1900	1904	1908
0	0	218225	251686	290594	405056	469653	566709	673076	778647
300	300	212680	246298	284502	392223	—	—	—	—
400	400	189480	222205	262514	362299	432162	531081	625462	739196
500	500	146491	173567	208923	295385	355073	454601	548208	664788
600	600	117976	149245	184878	266094	315762	401748	480454	587568
700	700	99432	125136	159206	238776	285107	370121	437588	531614
800	800	82267	99854	126660	203348	241619	331045	393125	486414
950	950	66397	80119	98420	152385	183015	270254	326689	421049
1100	1100	55154	65665	79830	119784	145379	208820	255294	344078
1250	1250	46283	54898	65942	96786	117751	164606	202350	273585
1400	1400	42102	49594	58922	84221	101426	137699	169067	223507
1600	1600	34845	41037	48617	67956	81837	107928	133408	170265
1900	1900	29068	34248	40892	55745	66505	85477	104292	127542
2200	2200	24535	28754	34183	46048	54275	69388	83684	100009
2500	2500	20853	24486	29248	38782	45462	57875	69183	82134
2800	2800	18518	21797	25979	34201	40201	50612	59917	70022
	3100	—	—	—	—	34337	43279	50787	59311
3300		14596	17583	20870	27328	—	—	—	—
	3400	—	—	—	—	30969	38974	45166	52290
	3700	—	—	—	—	27609	34539	39786	45765
3800		12249	14919	17718	23034	—	—	—	—
	4000	—	—	—	—	24599	30797	35094	40359
4300	4300	10433	12846	15150	19645	22760	28357	32021	36571
4800	4800	8992	11214	13288	17152	19975	24882	27653	31588
	5300	—	—	—	—	17350	21760	24063	27515
5400		7620	9518	11347	14661	—	—	—	—
	5800	—	—	—	—	15712	19629	21567	24620
6300	6300	5966	7695	9232	11955	13832	17446	19064	21793
	6800	—	—	—	—	12610	15901	17210	19754
7200		4988	6504	7851	10124	—	—	—	—
	7300	—	—	—	—	11486	14522	15600	17986

		7800	—	—	—	—	10558	13365	14308	16436
		8300	—	—	—	—	9642	12296	13021	15054
8400			3952	5239	6346	8240	—	—	—	—
		8800	—	—	—	—	8980	11465	12090	14035
		9400	—	—	—	—	8233	10502	11064	12844
9600			3222	4386	5310	6976	—	—	—	—
		10000	—	—	—	—	7430	9610	10067	11706
10800			2638	3633	4492	5891	—	—	—	—
		11000	—	—	—	—	6585	8488	8933	10442
12000		12000	2177	3040	3818	5052	5867	7565	7938	9338
	13000		—	—	—	—	5287	6827	7107	8481
	14000		1704	2460	3014	4075	4795	6194	6442	7731
	15000		—	—	—	—	4294	5593	5772	6981
	16000		1325	1964	2387	3289	3900	5087	5258	6425
	17000		—	—	—	—	3570	4694	4844	5917
	18000		1054	1612	1967	2790	3238	4336	4473	5498
	19000		—	—	—	—	3015	4014	4142	5101
	20000		870	1339	1650	2375	2772	3704	3840	4709
	21000		—	—	—	—	2594	3485	3574	4367
	22000		745	1143	1432	2076	2411	3237	3338	4108
	23000		—	—	—	—	2264	3063	3118	3867
	24000		629	986	1249	1838	2126	2860	2914	3662
	25000		—	—	—	—	1966	2692	2709	3427
	26000		545	857	1094	1617	1845	2551	2541	3263
	27000		—	—	—	—	1743	2399	2396	3100
	28000		479	758	974	1458	1648	2276	2268	2953
	29000		—	—	—	—	1556	2172	2164	2792
	30000		426	657	853	1274	1471	2034	2044	2623
	33000		364	563	745	1101	1211	1695	1695	2203
	36000		308	485	620	962	1058	1481	1480	1924
	39000		271	442	546	836	919	1286	1286	1671
	42000		237	385	483	743	817	1143	1143	1485
	45000		212	354	436	658	723	1012	1012	1315
	48000		194	324	393	598	657	919	919	1194
	51000		176	287	349	535	588	823	823	1069
	54000		—	256	310	494	543	760	760	988
	57000		—	236	283	461	507	709	709	921
	60000		—	—	—	418	459	642	642	824
	65000		—	—	—	358	393	550	—	715

Einteilung der Zensiten in fünf Gruppen.

Tabelle Ib. Das Königreich.

		1880	1884	1888	1892	1896	1900	1904	1908
I	100	1116	1209	1323	1438	1575	1740	1865	2038
II	1600	17854	19345	21162	23010	25201	27831	29834	32612
III	6300	70303	76169	83327	90601	99228	109586	117473	128411
IV	21000	234343	253897	277756	302005	330760	365287	391576	428035
V	71000	792302	858414	939082	1021064	1118283	1235017	1323901	1447168
	100000	1115918	1209034	1322650	1438118	1575047	1739461	1864649	2038264

Tabelle IIb. Das platte Land.

		1880	1884	1888	1892	1896	1900	1904	1908
I	100	662	699	752	741	789	853	857	908
II	1600	10580	11181	12029	11859	12626	13646	13712	14535
III	6300	41662	44022	47363	46694	49715	53732	53993	57234
IV	21000	138877	146745	157877	155650	165718	179107	179975	190778
V	71000	469535	496126	533778	526244	560284	605551	608487	645014
	100000	661316	698769	751799	741188	789132	852889	857024	908469

Tabelle IIIb. Die Städte.

		1880	1884	1888	1892	1896	1900	1904	1908
I	100	454	510	571	697	786	887	1008	1130
II	1600	7274	8164	9133	11151	12575	14185	16122	18077
III	6300	28641	32147	35964	43907	49513	55854	63480	71177
IV	21000	95466	107156	119879	146355	165042	186180	211601	237257
V	71000	322767	362288	405304	494820	557999	629466	715414	802154
	100000	454602	510265	570851	696930	785915	886572	1007625	1129795

Tabelle IVb. Die großen Städte.

		1880	1884	1888	1892	1896	1900	1904	1908
I	100	218	252	291	405	470	567	673	779
II	1600	3492	4027	4649	6481	7514	9067	10769	12458
III	6300	13748	15856	18307	25518	29588	35703	42404	49055
IV	21000	45827	52854	61025	85062	98627	119009	141346	163516
V	71000	154940	178697	206322	287590	333454	402363	477884	552839
	100000	218225	251686	290594	405056	469653	566709	673076	778647

Maximal- und Minimaleinkommen der Zensitengruppen.

Tabelle Ic. Das Königreich.

		1880	1884	1888	1892	1896	1900	1904	1908
I	100	über 23000	über 26700	über 31000	über 36200	über 37230	über 42600	über 40700	über 47000
II	1600	4340—23000	4670—26700	4932—31000	5286—36200	5540—37230	6020—42600	6025—40700	6200—47000
III	6300	1600— 4340	1711— 4670	1795— 4932	1909— 5286	1990— 5540	2146— 6020	2212— 6025	2314— 6200
IV	21000	700— 1600	742— 1711	800— 1795	884— 1909	900— 1990	1040— 2146	1058— 2212	1166— 2314
V	71000	bis 700	bis 742	bis 800	bis 884	bis 900	bis 1040	bis 1058	bis 1166
	100000	über 0	über 0	über 0	über 0	über 0	über 0	über 0	über 0

Tabelle IIc. Das platte Land.

		1880	1884	1888	1892	1896	1900	1904	1908
I	100	über 13420	über 14800	über 16520	über 18000	über 19900	über 23000	über 21900	über 26700
II	1600	3010—13420	3030—14800	3160—16520	3220—18000	3313—19900	3628—23000	3600—21900	3800—26700
III	6300	1316— 3010	1340— 3030	1400— 3160	1582— 3220	1482— 3313	1600— 3628	1612— 3600	1759— 3800
IV	21000	620— 1316	663— 1340	734— 1400	768— 1582	793— 1482	914— 1600	908— 1612	1013— 1759
V	71000	bis 620	bis 663	bis 734	bis 768	bis 793	bis 914	bis 908	bis 1013
	100000	über 0	über 0	über 0	über 0	über 0	über 0	über 0	über 0

Tabelle IIIc. Die Städte.

		1880	1884	1888	1892	1896	1900	1904	1908
I	100	über 32100	über 39500	über 42200	über 48200	über 49200	über 62000	über 52500	über 60000
II	1600	6264—32100	6975—39500	7416—42200	7680—48200	7800—49200	8345—62000	7915—52500	8100—60000
III	6300	2212— 6264	2305— 6975	2410— 7416	2470— 7680	2536— 7800	2722— 8345	2770— 7915	2812— 8100
IV	21000	834— 2212	867— 2305	923— 2410	1010— 2470	1040— 2536	1163— 2722	1175— 2770	1300— 2812
V	71000	bis 834	bis 867	bis 923	bis 1010	bis 1040	bis 1163	bis 1175	bis 1300
	100000	über 0	über 0	über 0	über 0	über 0	über 0	über 0	über 0

Tabelle IVc. Die großen Städte.

		1880	1884	1888	1892	1896	1900	1904	1908
I	100	über 44000	über 54300	über 56100	über 61000	über 59500	über 64000	über 58500	über 62500
II	1600	8800—44000	9760—54300	10140—56100	9700—61000	9600—59500	9980—64000	9178—58500	9200—62500
III	6300	2935— 8800	3000— 9760	3050—10140	2930— 9700	2932— 9600	3016— 9980	2993— 9178	3016— 9200
IV	21000	990— 2935	1025— 3000	1060— 3050	1130— 2930	1150— 2932	1260— 3016	1280— 2993	1400— 3016
V	71000	bis 990	bis 1025	bis 1060	bis 1130	bis 1150	bis 1260	bis 1280	bis 1400
	100000	über 0	über 0	über 0	über 0	über 0	über 0	über 0	über 0

Gesamteinkommen der Zensitengruppen.

Tabelle Id. Das Königreich.

		1880	1884	1888	1892	1896	1900	1904	1908
I	100	60905168	71676739	86016241	107188563	122220408	159108652	156575470	206878887
II	1600	139609020	168539245	201938398	245127489	279288177	343944732	359356103	423226034
III	6300	177872223	197546282	227421652	269789890	301619388	362612140	391700959	440961238
IV	21000	231182860	268734039	311606586	362974133	433584587	500568246	560322659	659908679
V	71000	341828845	395490803	466627005	540411098	593286859	755380083	816932432	974436170
	100000	951398116	1101987108	1293609882	1525491173	1729999419	2121613853	2284887623	2705411008

Tabelle IId. Das platte Land.

		1880	1884	1888	1892	1896	1900	1904	1908
I	100	21133125	27666428	31430166	37194538	39118740	55543683	45311378	68132362
II	1600	43941200	55111623	63051301	65028055	73965533	90492030	89792150	106299750
III	6300	77754354	83195528	92599903	94069632	102337105	120949732	123419600	136347580
IV	21000	118998969	130970039	152561937	157493499	168602104	207213051	206743040	241502526
V	71000	192798049	214491852	248922592	254498274	283250585	332150027	332846786	385263599
	100000	454625697	511435470	588565899	608283998	667274067	806348523	798112954	937545817

Tabelle IIId. Die Städte.

		1880	1884	1888	1892	1896	1900	1904	1908
I	100	33097130	37471528	47838464	66699016	79328179	98874917	107020601	147158726
II	1600	83609202	106223306	129341871	168607747	195489350	244267350	263412051	307739950
III	6300	101082748	119424583	140885094	175044167	202203838	242111277	271742199	307633150
IV	21000	122467986	143274436	163908062	216440487	247240691	306202434	361525870	419733460
V	71000	156515353	184157785	223070492	290415758	338463294	423809352	483073948	585599905
	100000	496772419	590551638	705043983	917207175	1062725352	1315265330	1486774669	1767865191

Tabelle IVd. Die großen Städte.

		1880	1884	1888	1892	1896	1900	1904	1908
I	100	18421267	26117250	32346884	50507368	60113815	90528162	82381450	117929320
II	1600	53550402	72248877	87241992	123607082	141790267	182787000	196966300	237813950
III	6300	64654914	79013114	94322878	124803380	143828345	176698774	201972990	232304042
IV	21000	73247309	86025943	103055843	137812391	167080226	215966773	258368890	307600446
V	71000	88186472	106556186	128033920	191468081	225227220	299763574	335332000	432199805
	100000	298060364	369961370	445001517	628198302	738039873	965744283	1075021630	1327847563

Durchschnittseinkommen der Zensitengruppen.

Tabelle Ie. Das Königreich.

		1880	1884	1888	1892	1896	1900	1904	1908
I	100	54574,52	59285,97	65016,55	74542,99	77602,59	91441,73	83954,67	101517,39
II	1600	7814,44	8712,28	9542,50	10653,08	11082,42	12358,33	12045,18	12977,61
III	6300	2530,08	2593,52	2729,26	2977,77	3039,65	3308,93	3334,39	3433,98
IV	21000	986,51	1058,44	1121,87	1201,80	1310,80	1370,34	1430,94	1541,71
V	71000	431,44	460,72	496,80	529,26	530,53	611,63	617,06	673,34
	100000	852,56	911,46	978,00	1060,75	1098,38	1219,69	1225,37	1327,31

Tabelle IIe. Das platte Land.

		1880	1884	1888	1892	1896	1900	1904	1908
I	100	31923,14	39580,11	41795,43	50195,05	49581,52	65115,68	52872,08	75035,64
II	1600	4153,23	4929,04	5241,62	5483,43	5067,78	6631,39	6548,43	7313,36
III	6300	1866,31	1889,86	1955,11	2014,59	2058,47	2250,98	2285,84	2382,28
IV	21000	856,87	892,52	966,33	1011,84	1017,39	1156,92	1148,73	1265,88
V	71000	410,61	432,33	466,34	483,61	505,55	548,50	547,00	597,29
	100000	687,45	731,99	782,87	820,68	845,58	945,43	931,26	1032,00

Tabelle IIIe. Die Stadt.

		1880	1884	1888	1892	1896	1900	1904	1908
I	100	72901,16	73473,58	83780,14	95694,42	100924,43	111471,15	106171,23	130228,96
II	1600	11494,25	13001,18	14162,03	15120,41	15545,87	17220,11	16338,67	17023,83
III	6300	3529,30	3714,93	3917,39	3986,70	4083,85	4334,71	4280,75	4322,86
IV	21000	1280,24	1337,06	1367,28	1478,88	1498,04	1644,65	1708,52	1769,10
V	71000	484,91	508,32	550,37	586,91	606,56	673,28	675,22	730,03
	100000	1092,76	1157,34	1235,07	1316,07	1352,21	1483,54	1475,52	1564,76

Tabelle IVe. Die großen Städte.

		1880	1884	1888	1892	1896	1900	1904	1908
I	100	84501,22	103639,88	111157,67	124709,55	127901,73	159661,66	122400,92	151385,51
II	1600	15335,10	17941,11	18765,75	19072,22	18871,44	20159,58	18290,11	19089,25
III	6300	4702,86	4983,17	5152,28	4890,79	4861,36	4949,12	4763,06	4735,58
IV	21000	1598,34	1627,61	1688,74	1620,14	1694,06	1814,71	1827,91	1881,15
V	71000	569,16	596,28	620,55	662,29	675,43	745,00	701,70	781,78
	100000	1365,84	1469,93	1531,36	1550,88	1571,46	1704,12	1597,17	1705,33

Die relative Zunahme des Durchschnittseinkommens der Zensitengruppen.

Tabelle If. Das Königreich.

		1880—1884	1884—1888	1888—1892	1892—1896	1896—1900	1900—1904	1904—1908	1880—1908
I	100	+ 8,63	+ 9,66	+ 14,65	+ 4,10	+ 17,83	− 8,19	+ 20,91	+ 86,01
II	1600	+ 11,48	+ 9,52	+ 11,60	+ 4,03	+ 11,51	− 2,54	+ 7,74	+ 66,07
III	6300	+ 2,50	+ 5,23	+ 9,10	+ 2,07	+ 8,85	+ 0,76	+ 2,98	+ 35,72
IV	21000	+ 7,29	+ 5,99	+ 7,12	+ 9,06	+ 4,54	+ 4,42	+ 7,74	+ 56,27
V	71000	+ 6,78	+ 7,85	+ 6,53	+ 0,23	+ 15,28	+ 0,88	+ 9,12	+ 56,06
	100000	+ 6,90	+ 7,30	+ 8,46	+ 3,54	+ 11,04	+ 0,46	+ 8,31	+ 55,67

Tabelle IIf. Das platte Land.

		1880—1884	1884—1888	1888—1892	1892—1896	1896—1900	1900—1904	1904—1908	1880—1908
I	100	+ 23,98	+ 5,59	+ 20,09	− 1,23	+ 31,33	− 18,81	+ 41,91	+ 135,05
II	1600	+ 18,67	+ 6,34	+ 4,61	− 7,59	+ 30,85	− 1,26	+ 11,68	+ 76,32
III	6300	+ 1,26	+ 3,45	+ 3,04	+ 2,17	+ 9,35	+ 1,54	+ 4,21	+ 27,64
IV	21000	+ 4,16	+ 8,26	+ 4,70	+ 0,54	+ 13,71	− 0,71	+ 10,19	+ 47,73
V	71000	+ 5,28	+ 7,86	+ 4,82	+ 4,53	+ 8,49	− 0,28	+ 9,19	+ 43,02
	100000	+ 6,47	+ 6,95	+ 4,82	+ 3,03	+ 11,80	− 1,50	+ 10,82	+ 50,12

Tabelle IIIf. Die Städte.

		1880—1884	1884—1888	1888—1892	1892—1896	1896—1900	1900—1904	1904—1908	1880—1908
I	100	+ 0,78	+ 14,03	+ 14,22	+ 5,46	+ 10,45	− 4,76	+ 22,65	+ 78,63
II	1600	+ 13,19	+ 8,84	+ 6,76	+ 2,81	+ 10,76	− 5,12	+ 4,19	+ 48,10
III	6300	+ 5,26	+ 5,44	+ 1,76	+ 2,43	+ 6,14	− 1,25	+ 0,98	+ 22,48
IV	21000	+ 4,43	+ 2,26	+ 8,16	+ 1,29	+ 9,78	+ 3,88	+ 3,54	+ 32,31
V	71000	+ 4,98	+ 8,27	+ 6,63	+ 3,34	+ 10,99	+ 0,28	+ 8,11	+ 50,55
	100000	+ 5,90	+ 6,71	+ 6,55	+ 2,74	+ 9,71	− 0,55	+ 6,04	+ 43,19

Tabelle IVf. Die großen Städte.

		1880—1884	1884—1888	1888—1892	1892—1896	1896—1900	1900—1904	1904—1908	1880—1908
I	100	+ 22,64	+ 7,25	+ 12,19	+ 2,55	+ 24,83	− 23,74	+ 23,68	+ 79,15
II	1600	+ 16,99	+ 4,59	+ 1,63	− 1,06	+ 6,82	− 9,28	+ 4,36	+ 24,48
III	6300	+ 5,96	+ 3,39	− 5,08	− 0,61	+ 1,80	− 3,76	− 0,58	+ 0,69
IV	21000	+ 1,83	+ 3,75	− 4,07	+ 4,56	+ 7,12	+ 0,72	+ 2,91	+ 17,69
V	71000	+ 4,76	+ 4,07	+ 6,72	+ 1,98	+ 10,30	− 5.82	+ 11,41	+ 31,10
	100000	+ 7,61	+ 4,18	+ 1,29	+ 1,33	+ 8,44	− 6,28	+ 676	+ 24,85

Die Ungleichheitskoeffizienten.

	1880	1884	1888	1892	1896	1900	1904	1908
Das Königreich	68,32	69,50	71,14	75,50	76,00	77,08	73,48	82,73
Das platte Land	48,65	57,11	56,34	65,08	62,22	73,89	60,13	78,32
Die Städte	71,40	67,72	72,70	78,33	80,57	81,16	77,45	90,69
Die großen Städte	65,87	75,78	78,19	87,35	88,51	103,27	82,91	97,32

Tabelle Vb. Einteilung in vier Gruppen.

		Zensiten.			Haushaltungsvorstände.		
		1904	1906	1908	1904	1906	1908
I	1700	31699	33003	34650	16908	17820	18507
II	6300	117473	122306	128411	62658	66042	68583
III	21000	391576	407685	428035	208860	220136	228611
IV	71000	1323901	1378365	1447168	706147	744271	772922
	100000	1864649	1941359	2038264	994573	1048269	1088623

Tabelle Vc. Maximal- und Minimal-Einkommen.

		Zensiten.			Haushaltungsvorstände.		
		1904	1906	1908	1904	1906	1908
I	1700	über 6025	über 6150	über 6200	über 9250	über 9300	über 9500
II	6300	2212—6025	2240—6150	2314—6200	3120—9250	3115—9300	3400—9500
III	21000	1058—2212	1150—2240	1166—2314	1370—3120	1400—3115	1490—3400
IV	71000	bis 1058	bis 1150	bis 1166	bis 1370	bis 1400	bis 1490
	100000	über 0	über 0	über 0	über 0	über 0	über 0

I. Die relative Zunahme des Durchschnittseinkommens der Zensitengruppe im Königreiche.

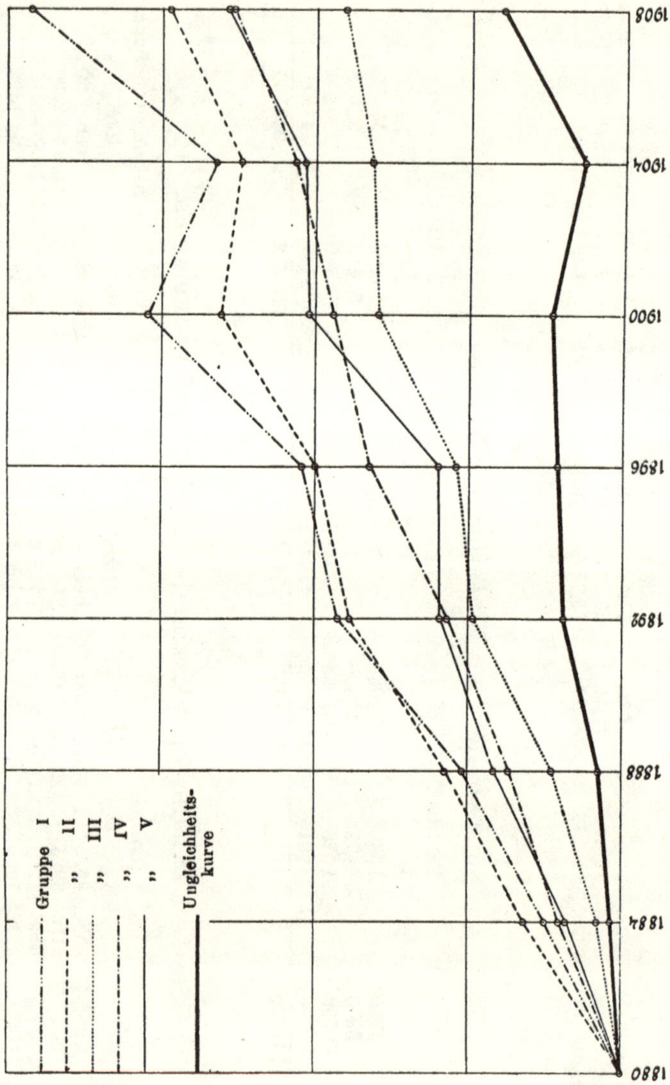

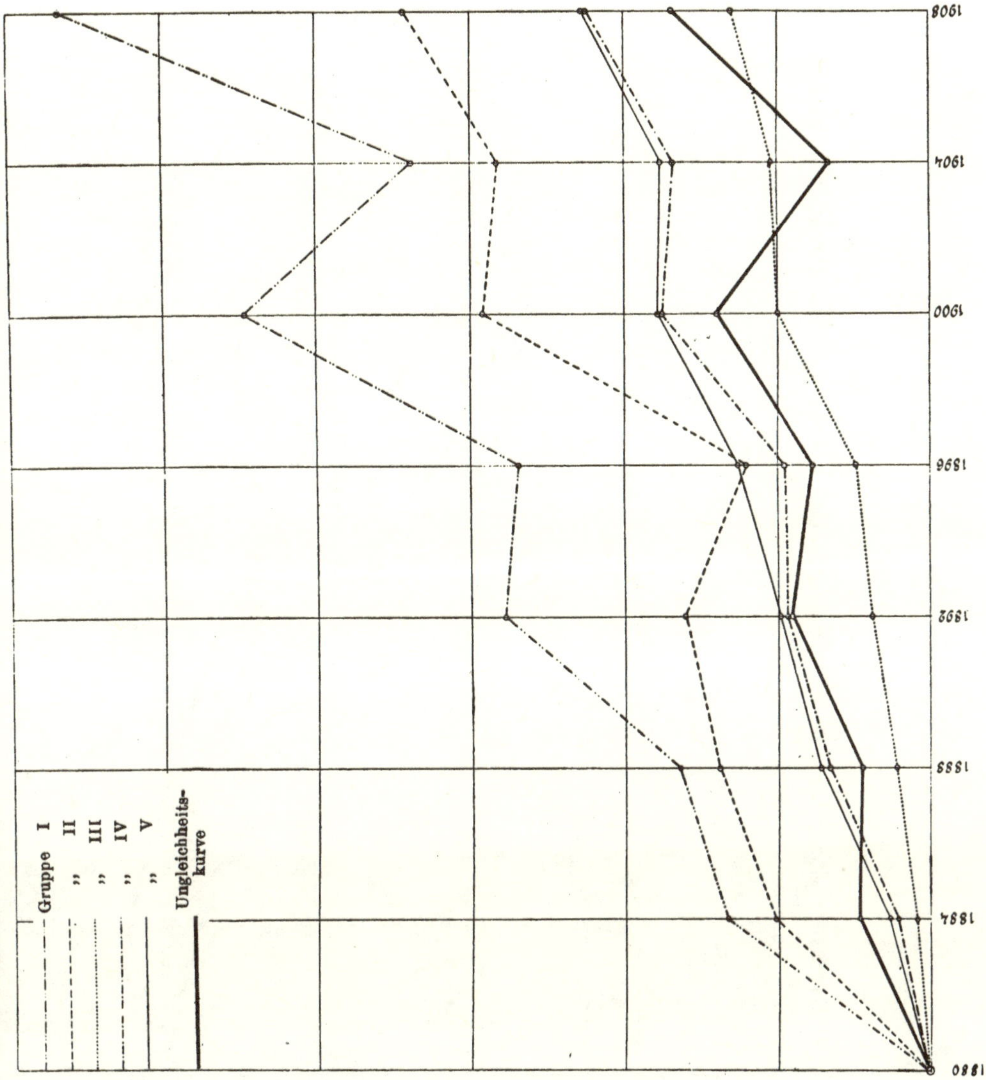
Gruppe I
„ II
„ III
„ IV
„ V
Ungleichheits-kurve
1880
1884
1888
1892
1896
1900
1904
1908

III. Die relative Zunahme des Durchschnittseinkommens der Zensitengruppe in Städten.

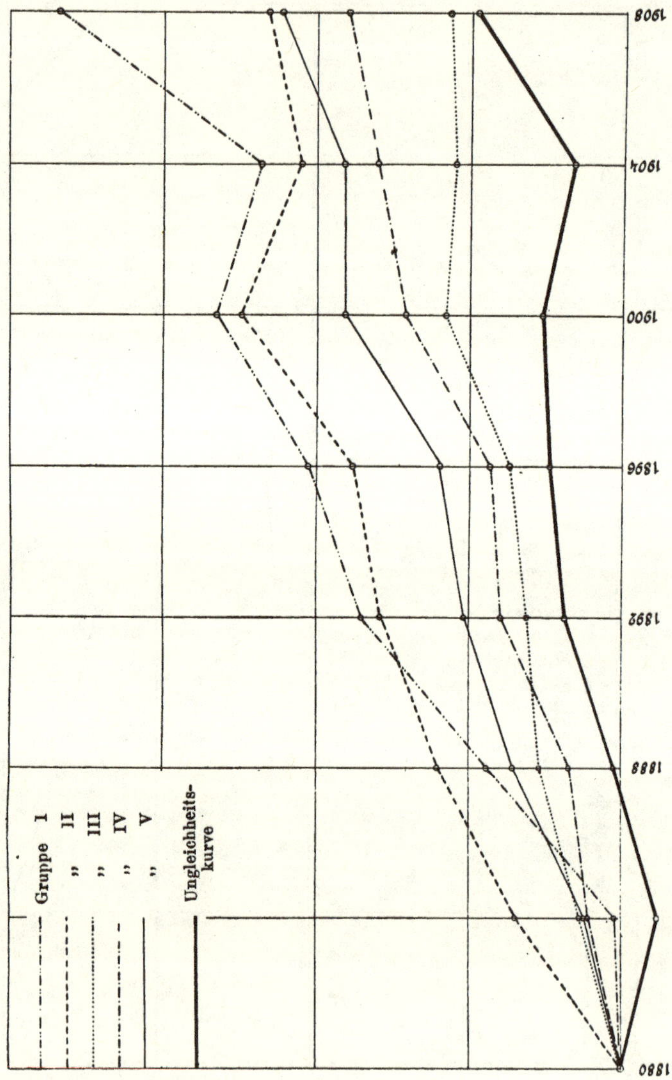

IV. Die relative Zunahme des Durchschnittseinkommens der Zensitengruppen in den großen Städten.

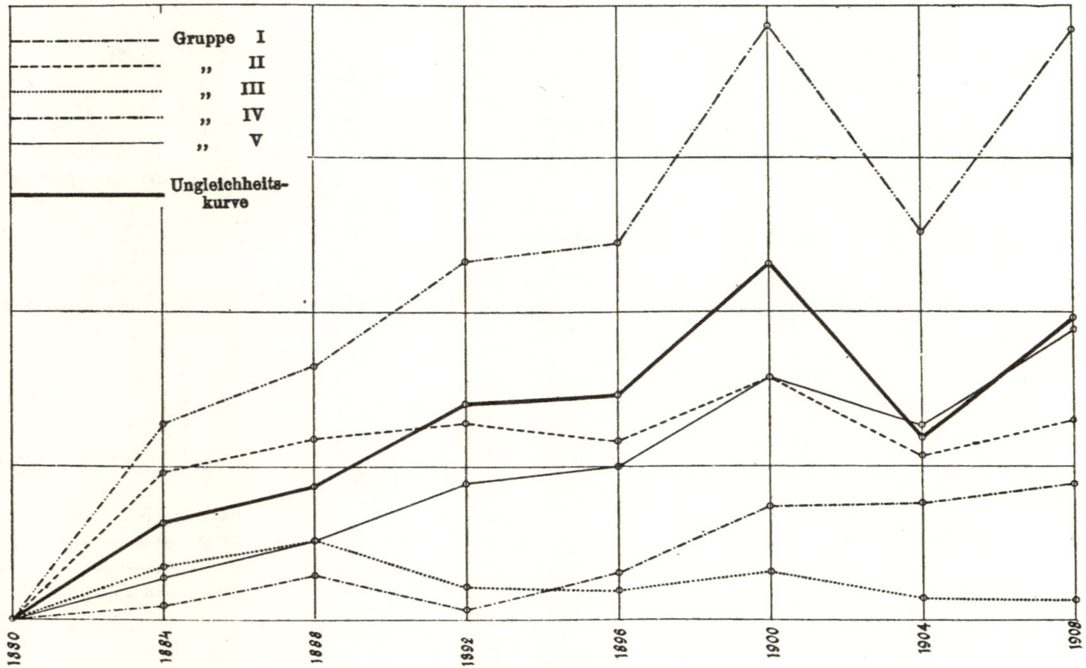

V. Die Ungleichheitskurven.

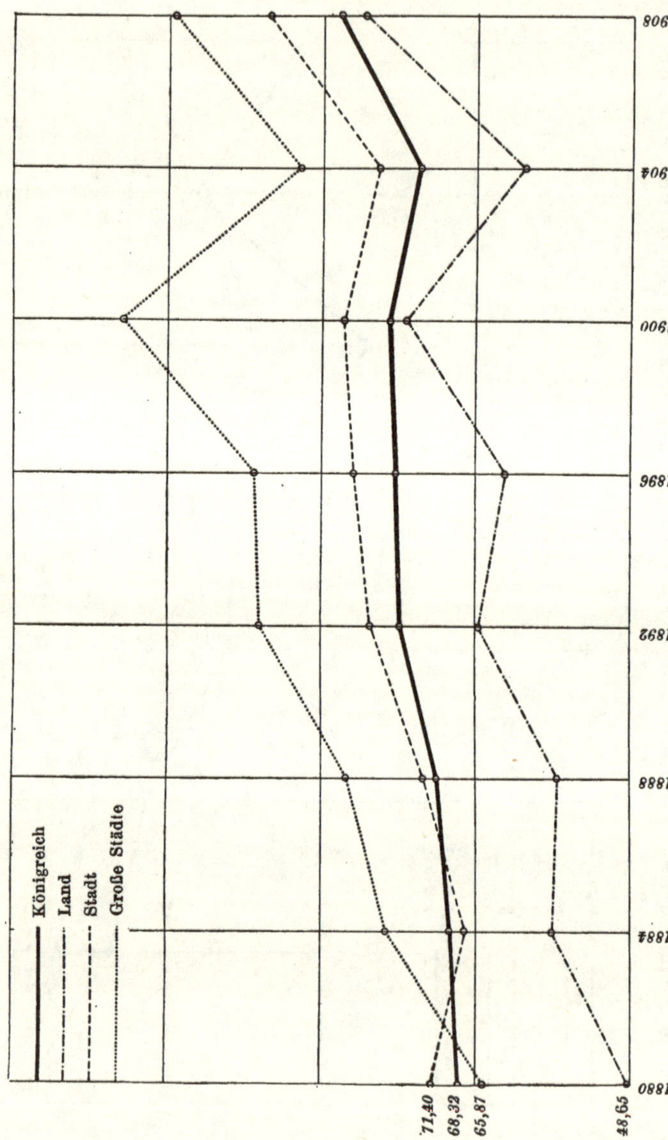

Literatur.

Rodolfo Benini, Principii di statistica methodologica. Torino 1906.
Robert Mayer, „Einkommen", Handw. der Staatswissenschaften.
Vilfredo Pareto, Cours d'economie politique. Lausanne 1897.
Gottlieb Schnapper-Arndt, Sozialstatistik. Leipzig 1912.
Julius Wolf, Sozialismus und kapitalistische Gesellschaftsordnung.
Friedrich Zahn, Die Statistik in Deutschland 1911.
Böhmert, Zeitschrift des Kgl. Sächs. Stat. Landesamtes. 1874—1894.
L. von Bortkiewicz, Die Grenznutztheorie als Grundlage einer ultraliberalen Wirtschaftspolitik. Jahrbuch für Gesetzgebung usw. 1898.
Constantino Bresciani, Über die Methoden der Einkommensverteilungsstatistik. Jahrb. für Nat. und Stat. 3. Folge. Bd. 33. 1907.
Derselbe, Di un indice misuratore della disuguaglianza della ricchazza. Palermo 1910.
Hans Delbrück, Preußische Jahrbücher: März-, April-, Oktoberheft 1909.
Evert, Sozialistische Streifzüge durch die Materialien der Veranlagung zur Staatseinkommensteuer in Preußen von 1892 bis 1901. Z. des Kgl. Pr. St. B. 1902.
Corrado Gini, Il diverso accroscimento delle classi sociali e la concentratione della richezza. Giornali degli Economisti. Gennaio 1909.
Ernst Hunke, Methodologisches zur Verwertung der Einkommensstatistik. Allg. Stat. Archiv. Bd. VII. 1907.
N. A. Kiaer, Repartitions Sociales des Revenus. Bulletin de l'Institut int. de Stat. Tome VIII/22. 1909.
Kurt Nitschke, Einkommen und Vermögen in Preußen und ihre Entwicklung seit Einführung der neuen Steuer mit Nutzanwendung auf die Theorie der Einkommensentwicklung. Jena 1902.
Klara Perls, Die Einkommenentwicklung in Preußen seit 1896. Berlin 1911.
Adolph Wagner, Zur Methodik der Statistik des Volkseinkommens und Vermögens mit besonderer Berücksichtigung der Steuerstatistik. Z. des Kgl. Pr. St. B. 1904.
E. Würzburger, Die sächsische Einkommenssteuerstatistik als Maßstab für die Beurteilung der Einkommensverhältnisse. Z. des Kgl. Sächs. Stat. L. 1904.

Metzger & Wittig, Leipzig.

www.ingramcontent.com/pod-product-compliance
Lightning Source LLC
LaVergne TN
LVHW042250300926
849161LV00003B/543